给教师的
人工智能教育

【英】罗斯·卢金
【英】卡琳·乔治
【英】穆特鲁·库库罗瓦
——著

柴少明
——译

华东师范大学出版社
·上海·

图书在版编目（CIP）数据

给教师的人工智能教育/（英）罗斯·卢金，（英）卡琳·乔治，（英）穆特鲁·库库罗瓦著；柴少明译. —上海：华东师范大学出版社，2024

ISBN 978 - 7 - 5760 - 5043 - 1

I. ①给… II. ①罗…②卡…③穆…④柴… III. ①人工智能-应用-中小学-教学研究 IV. ①G632.0 - 39

中国国家版本馆 CIP 数据核字（2024）第 109922 号

给教师的人工智能教育

著　　者　[英] 罗斯·卢金　卡琳·乔治　穆特鲁·库库罗瓦
译　　者　柴少明
责任编辑　王丹丹
责任校对　陈　杨　时东明
装帧设计　卢晓红

出版发行　华东师范大学出版社
社　　址　上海市中山北路 3663 号　邮编 200062
网　　址　www. ecnupress. com. cn
电　　话　021 - 60821666　行政传真 021 - 62572105
客服电话　021 - 62865537　门市（邮购）电话 021 - 62869887
地　　址　上海市中山北路 3663 号华东师范大学校内先锋路口
网　　店　http：//hdsdcbs. tmall. com

印　刷　者　上海颛辉印刷厂有限公司
开　　本　890 毫米×1240 毫米　1/32
印　　张　5.25
字　　数　117 千字
版　　次　2024 年 8 月第 1 版
印　　次　2024 年 12 月第 2 次
书　　号　ISBN 978 - 7 - 5760 - 5043 - 1
定　　价　48.00 元

出 版 人　王　焰

译者序
——面向学校教师的人工智能

推进教育数字化转型是当前我国教育发展的重大战略，信息技术特别是人工智能在教育中的广泛应用，有利于教育的转型升级和高质量发展。当前人工智能发展进入新阶段，2022 年被称为生成式人工智能（以下简称生成式 AI）元年。大语言模型（Large Language Models，LLMs）的发展在生成式 AI 领域取得了显著的进展。最具有代表性的是 OpenAI 发布的一款全新的聊天机器模型 ChatGPT，它能够模拟人类的语言行为，与用户进行自然的交互。比尔·盖茨称这种技术的出现是人工智能技术领域的一次真正革命。我国的百度、阿里巴巴以及科大讯飞等公司也先后推出了自己研发的大语言模型，并且向公众开放使用。这标志着以 ChatGPT 为代表的生成式 AI 进入了"人人可用"的新时代，引领了新一轮的互联网革命，也引起了教育领域的广泛关注，其表现出的教育创新价值更受到专家和教师的热烈讨论。生成式 AI 可以提供个性化学习体验，协助创建教育内容、克服语言障碍等。ChatGPT 还可以支持学生自定义学习，并提供相应的反馈。生成式 AI 不仅会改变教育手段，更会影响未来的教育目标和生态，推动教育数字化转型。ChatGPT 的出现标志着人类进入认知智能阶段，预示着这种人工智能技术将会给社会各个领域带来巨大的变革。

OpenAI 公司的 CEO 山姆·奥特曼（Sam Altman）声称，未来几十年里所有重复性的工作，只要不需要深度情感交流，就都有可能被 AI 更好、更快且成本更低地完成，因此 AI 将有可能取代许多白领工作。这将给人才培养带来新的挑战。学校不仅需要顺应新时代科技革命带来的巨变，而且必须积极应变，探寻教学改革与创新的有效路径，主动承担起引领和推进我国人工智能健康发展的历史责任。人工智能是变革教育的重要力量。2019 年，习近平总书记向国际人工智能与教育大会致贺信，他强调："中国高度重视人工智能对教育的深刻影响，积极推动人工智能和教育深度融合，促进教育变革创新。"此次会议通过的《北京共识——人工智能与教育》提出"各国要制定相应政策，推动人工智能与教育、教学和学习系统的融合"，该文件成为人工智能与教育领域里程碑式的国际共识文件。

今年政府工作报告首次提出了要开展"人工智能＋"行动，这意味着人工智能要与各类产业、各种应用场景进行深度融合，而这将极大地推动传统行业的转型升级和社会经济结构的变革。"人工智能＋教育"也将会给教育教学带来新的机遇和挑战，正如教育部部长怀进鹏指出的："对教育系统来说，人工智能是把金钥匙，不仅影响未来的教育，也影响教育的未来，有机遇也有挑战。"为此，他提出："未来，我们将致力于培养一大批具备数字素养的教师，加强我们教师队伍的建设，把人工智能技术深入到教育教学和管理全过程、全环节，来研究它的有效性、适应性，让青年一代更加主动地学，让教师更加创造性地教。"为推动人工智能特别是大语言模型在教育中的运用，今年三月底教育部启动了人工智能赋能教育行动，推出四项具体行动，旨在用人工智能推动教与学融合应用，提高全民数字教育素养与技能，开发教育专用人工智能大模型，同时规范人工智能使用科学伦理，这项行动计划开启了"人工智能＋教育"的应用和变革。

目前，我国教育领域正在推动教育信息化 2.0 行动计划和教育数字化转型战略，其核心是推动信息技术与教育教学的深度融合，促进教育的创新与变革，以培养能满足人工智能时代需求的创新人才。人工智能与教育教学的深度融合，是新时代教育信息化最重要的特征之一。如何把人工智能特别是生成式 AI 融入教育教学中，为学生提供个性化学习，提高教育教学质量，是教师和研究者面临的共同课题。同时这也提出了一个迫切的问题，我们的教师为人工智能时代的教育做好准备了吗？本书提出了一个为人工智能融入教育做好准备的框架，指导教师学习和运用人工智能从而赋能教育。

本书作者罗斯·卢金（Rose Luckin）是英国伦敦大学学院教授，致力于研究将学习科学理论与人工智能技术相结合，为教育技术的设计与评估提供新视角，她是国际人工智能教育领域的权威专家。针对人工智能时代教师和学校如何做好准备，卢金教授提出了人工智能就绪框架来应对这一挑战。全书围绕框架中的七个步骤展开讨论。首先介绍了人工智能的发展和特征，帮助教师了解人工智能对教育的意义，目的是教育、鼓励、激发教师形成人工智能思维，接着引导教师反思和发现教育教学中所面临的重要挑战和问题，这正是要运用人工智能来解决的问题。人工智能解决问题的重要思想是基于数据的，或者是数据驱动的，即针对所要解决的问题，有针对性地识别、获取和收集所需要的教育数据，并对数据进行整理和清洗，然后借助人工智能技术对数据进行分析。卢金教授介绍了人工智能的几种重要技术，包括机器学习中的监督学习和无监督学习，以及如何对数据进行特征分析和降维处理，从而了解这些数据对问题或挑战意味着什么。也就是说，她的核心思想是培养教师的人工智能素养，提升教师的数据素养，从研究的视角运用人工智能分析数据，从而解决所面临的问题或挑战。

在教育中应用人工智能会带来伦理和风险问题，卢金教授非常重视该问题，她提出的就绪框架的七个步骤的首字母组合在一起正好是"ETHICAL"，即伦理，这是她有意为之，目的是强调伦理在该框架中的重要性。她认为，随着学生越来越多地使用人工智能工具进行学习，我们必须主动解决伦理问题。一个关键问题是学术诚信——确保学生了解什么是适当使用和不当使用人工智能完成作业。学校需要明确的政策和检测机制来防止作弊。另一个关注点是数据隐私和安全，因为学生与人工智能的互动可能会被跟踪。如果人工智能工具对不同学生群体提供不均衡的利益，也会产生偏见和公平性问题。所以她提出的伦理框架强调透明性、保持人类监督和认真考虑其社会影响。学校必须教授人工智能素养，使学生了解这些伦理风险。

笔者在与卢金教授通过邮件进行交流时，问道："人工智能如何改变教育生态系统以及教师如何应对？"卢金教授的看法是，人工智能有望深刻改变教育生态系统。智能辅导系统可以大规模提供个性化学习。人工智能可以承担自动化评分等常规任务，从而释放教师的时间。而生成式 AI 可以创建定制化的内容和评估。然而，大多数学校尚未完全准备好迎接这个由人工智能驱动的未来。我们需要在数字基础设施、教师专业发展、课程设计和伦理保障方面进行大量投资。积极的领导和政策框架对于引导这一转变至关重要。

在人工智能时代，教师如何使用人工智能进行数据驱动的教学和研究是我们都关注的问题。书中介绍了如何运用人工智能技术分析和处理教育数据，从而找到问题解决的方案。人工智能为教师提供了强大的工具，可以获得基于数据的关于学生学习的见解。机器学习可以分析大量的学生作品数据，以识别误解并优化反馈。教师可以使用人工智能驱动的仪表盘实时跟踪学习进展并调整教学。为了利用这些功能，教师需要接受数据素养和人工智能技能的培训。与研究人员的合作还可以帮助教师设计课堂实验，以测试人工智能干预的效果。关键是从零散的数据实践转向系统化地使用人工智能进行持续改进。

本书给教师的一个重要启示是，我们在教学和评价中运用人工智能是要解决教育教学中的问题，要从研究的视角去研究和解决这些问题。这种研究的视角也是许多教师所欠缺的。大多数教师所关心的是在教学中如何使用人工智能赋能教学和评价，但很少从研究的视角来研究和探索人工智能如何赋能教学。本书的思想是教师首先要关注自己在教育教学中遇到的问题，要提升自己的数据素养，注意在教学的全过程、全流程、全环节中设法产生和收集数据，并对数据进行整理和清洗，然后运用机器学习来分析和处理数据，从而找到解决这些问题的方案。可以这样讲，当前人工智能技术运用的核心驱动力是数据，数据是基础、是原料，只有拥有大量有效的、真实的数据，才能运用人工智能去分析问题和解决问题。为此，在本书第三章中卢金教授连续用了三个"数据"作为标题，强调了数据的重要性。因此，要运用人工智能赋能教育教学，教师需要提升自己的数据素养，要充分利用人工智能技术收集、获取和分析教育中的数据，以解决教育教学中的相关问题。

卢金教授对中国教育工作者和学生使用人工智能提出了建设性的意见。她说："对于希望利用人工智能的中国教育工作者、管理者和学生，我建议从明确评估目标和准备情况开始。人工智能可以帮助解决你所在环境中的哪些具体挑战？你是否具备负责任地实施人工智能所需的技术基础设施和技能？投资能力建设和变革管理至关重要。同样重要的是，学习全球领先的人工智能教育应用案例，并对其进行调整以适应中国的具体情况。与教师、家长和政策制定者等多方利益相关者互动，以创建共同愿景和支持。采取循序渐进、基于证据的方法进行人工智能解决方案的试点和扩展。最重要的是，始终以人为本，将学生的福祉放在中心。用正确的方法，人工智能可以成为促进中国教育质量提升和公平的重要工具。"这些建议都有很强的针对性，教师可以根据自己的教学实际情况，思考她提出的问题，并在实践中积极付诸实施。

当我邀请卢金教授为本书中文版写序言时，她欣然答应。我们通过邮件和视频会议讨论书中的一些观点以及我在翻译中遇到的问题。比如，人工智能对教育的影响，教师如何运用人工智能赋能教学，以及如何用人工智能开展数据驱动的教学与研究，她都一一给出了自己的观点。在序言中，她还特别针对中国读者中的学校领导和管理者、教师以及教育研究者提出了具体建议，读者在阅读时可以结合自己在教育、管理和研究中的问题，根据这些建议，创造性地运用人工智能解决所面临的问题或挑战。

在本书的出版过程中，博士研究生乔金秀、柴源、李作锟、章锐，以及硕士研究生贺振海、周赋英和吴涵参与了全书校对，在此一并感谢。

要特别感谢华东师范大学出版社教育心理分社彭呈军社长的大力支持，从而顺利取得了本书的翻译版权。出版社责任编辑王丹丹老师非常认真地审读和校对了整个文稿，并就翻译文稿和封面设计等提出了许多宝贵的建议与意见。在整个出版流程中，正是她一丝不苟的工作态度和及时有效的沟通，确保了本书顺利出版，以飨读者。

限于译者的水平，翻译不尽符合中文习惯，难免有错误和不妥之处，恳请读者批评指正，以便修订和完善。

柴少明

2024 年 6 月 20 日

中文版序
——两年后的人工智能教育

自本书第一版出版以来的两年间，人工智能（AI）领域持续快速发展。诸如 ChatGPT 这样的人工智能系统进入了主流视野，展示了令人惊叹的语言能力，包括能够进行连贯的对话、回答问题、分析和生成内容。这些系统的出现，让我们看到了人工智能在语言处理领域的巨大潜力。人工智能在计算机视觉、机器人、科学发现以及艺术和音乐创作等创造性领域不断取得更大的进展。

这些人工智能的突破源于悠久的历史，可以追溯到 20 世纪 50 年代至 70 年代神经网络、聊天机器人和基于规则的专家系统的早期研究。然而，过去十年见证了人工智能能力的爆炸式增长，这主要得益于机器学习方法的推动，使得人工智能系统可以从庞大的数据集中学习。1997 年 IBM 的国际象棋机器人"深蓝"（Deep Blue），2011 年苹果公司的 Siri 助手，2017 年谷歌公司的 AlphaGo 击败世界围棋冠军等里程碑事件，都为今天像 ChatGPT 这样的大语言模型诞生铺平了道路。

人工智能的快速发展开始对社会的许多领域产生深远影响，教育领域也不例外。人工智能驱动的工具不断涌现，可以自动化完成教师的管理任务，为学生提供个性化学习和支持，增强教育内容和教学效果，并提供增强的学习分析。此外，还有人工智能课堂助手与学生互动，由人工智能生成的仪表盘实时可视化多模态学习数据。

然而，人工智能迅速进入教育领域也带来了一些重要挑战。一个主要的担忧是作弊和抄袭的可能性，因为学生可以轻松地使用生成式人工智能工具来生成论文和答案。另一个问题是虚假信息的传播，因为人工智能可以生成令人信服但虚假的内容。评价和评分可能需要重新设计，以测试原创性思维而不仅仅是事实知识。教育工作者需要接受大量培训，以获得有效使用生成式人工智能的技术和教学技能。

然而大多数学校和大学尚未为人工智能驱动的未来做好充分的准备。我们需要在数字基础设施、教师的专业发展、课程重新设计以及强有力的伦理保障方面进行重大投资。积极的领导和全面的政策框架对于以负责任和公平的方式引导这一转变至关重要。

为了帮助指导这一过程，我提出了一个人工智能就绪框架。它为学校提供了一个结构化的方法，用于评估其在教师技能、技术基础设施、数据实践、伦理政策和战略规划等多个维度上的准备情况。通过识别差距和最佳实践，该框架可以帮助指导学校负责任且有影响力地融合人工智能。该框架还有助于研究人员和政策制定者衡量进展情况，并确定需要额外支持的领域。

随着人工智能进入课堂，一个关键的优先事项将是积极应对伦理影响和挑战。学校需要明确的政策与机制来防止学生作弊和不当使用人工智能。在跟踪与人工智能系统的交互时，必须制定强有力的保护措施来保护学生数据的隐私和安全。应对人工智能工具进行严格的审核，以检测其是否存在偏见和可能对不同学生群体产生的潜在不均衡影响。重要的是，学生需要发展自己的人工智能素养，以了解这些伦理风险。我提出的伦理框架强调透明性、保持人类监督以及认真考虑其社会影响。

为了让教师有效利用人工智能的力量，他们需要进行实质性的培训，以了解人工智能的能力和局限性。初步的试验性研究可以阐明应如何调整教学策略，以将人工智能整合到智能辅导、即时反馈和丰富的学习分析等任务中。随着时间的推移，教师可以与人工智能合作来减轻常规工作，并获得强大的数据驱动的洞察力，以实现个性化学习。然而，他们必须深思熟虑以保持人际关系和判断力。

学生可以从人工智能支持的学习中受益匪浅。他们可以使用生成式人工智能工具来帮助头脑风暴、研究和撰写提纲。智能辅导系统可以提供有针对性的支持和反馈。人工智能支持的团队协作工具可以给学生匹配到最佳协作伙伴，并促进深入的讨论。然而，学生需要扎实了解人工智能的局限性和风险，例如隐私问题、偏见，以及他们自身努力和原创性思维的持久重要性。从根本上说，人工智能应该赋予学生更多自主学习的能力，而不是取代学习中具有挑战性但有丰厚回报的努力学习。

随着人工智能在教育领域的普及，我们必须在两个关键方面作出调整。首先，我们需要提高与人工智能互补的人类智能和能力，而不是与其竞争。教育应侧重培养批判性思维、创造力、情商和适应力等技能，这些技能在人工智能世界中仍然至关重要。学生必须"学会如何学习"，并拥抱终身成长。其次，我们需要对每个人进行人工智能教育，使他们能够明智且安全地使用它。这需要为教师提供有关人工智能素养、应用案例、局限性与风险方面的大量培训和资源。组织需要全面的策略和框架，以负责任地整合人工智能。

随着人工智能整合到教育中，以下是给利益相关者的一些重要建议：

对政府和政策制定者：

- 增加对人工智能教育研究和多部门合作的投资

- 制定强有力的政策和指南，以在学校中符合伦理地、安全地、平等地使用人工智能

- 更新课程和教师培训，把人工智能素养纳入其中

- 解决连接障碍，确保所有学生都能获得人工智能支持的学习

对教育工作者和管理者：

- 追求实质性的专业发展，以发展人工智能素养和技能

- 明智地使用人工智能支持教学，同时保持人际关系

- 教授学生关于人工智能的知识，包括其机制、应用、影响和风险

- 采取学术诚信措施，防止人工智能支持的作弊

对学生：

- 掌握人工智能能力和局限性的基础知识

- 利用人工智能支持学习，但不要取代努力和诚信

- 负责任且合乎伦理地使用人工智能工具，避免抄袭或不当使用

- 成为了解人工智能的社会影响和治理的知情公民

给中国读者的建议

随着中国教育机构应对人工智能的快速崛起，我根据自己的经验提出以下几点关键考虑和建议：

对中国学校领导者和管理者：

- 制定符合中国国家人工智能政策和教育目标的综合人工智能战略
- 培育围绕人工智能的创新和实验文化，但要有强有力的伦理保障
- 投资建设强大的数字基础设施和数据能力，作为支撑基础
- 为教师提供实质性培训和支持，以有效利用人工智能工具
- 与中国领先的人工智能公司和大学合作，共同开发教育解决方案

对中国教师：

- 通过培训计划和自主学习，主动提高人工智能素养和技能
- 在课堂上明智地试验人工智能工具，密切监测其对学生学习的影响
- 设计人工智能增强的教学策略，维持人际互动和社会情感支持
- 教导学生成为批判性、明智的人工智能技术使用者
- 为不断增长的中文人工智能教育资源和最佳实践作出贡献

对中国教育研究者：

- 开展实证研究，研究人工智能在中国课堂中的影响和最佳实践
- 探讨人工智能如何解决中国教育情境中的独特挑战和需求
- 形成新的理论和框架，以指导人工智能在教育中负责任地实施
- 进行全球合作，但确保国际最佳实践适应本地文化因素
- 积极向政策制定者和实践者传播研究成果，以推动基于证据的决策

中国在人工智能方面取得了显著进展，现在在人工智能论文引用、专利和投资等领域处于全球领先地位。随着中国教育系统继续利用数字技术，利用人工智能支持中国的教育现代化目标并培养创新人才是难得的机遇。然而，以负责任和符合伦理的方式做到这一点至关重要，需要制定积极的政策和保障措施来降低风险。通过促进政策制定者、学校、研究者和行业合作伙伴之间的密切合作，中国可以帮助制定在全球教育中有效利用人工智能的路线。中国教育工作者还可以通过分享本地实施的经验和见解，为国际知识库作出宝贵贡献。从根本上讲，我们的目标应该是利用人工智能使中国学生和教师在面对技术变革时能够不断成长，同时保持核心的人类价值观。

虽然存在着许多待解答的问题，但有一件事是明确的——人工智能将在未来几年继续快速发展并重塑教育。为了在减少风险的同时利用其优势，各国政府、学校、教育工作者和学生必须积极为这一快速到来的未来做准备。通过培养扎实的人工智能素养，制定全面的政策和保障措施，并确保负责任和符合伦理地使用人工智能，教育部门可以将人工智能的力量转化为推动教学和学习变革的积极力量。

罗斯·卢金

2024 年 5 月 30 日

于英国伦敦

目　录

前　言

我们每天都在使用由人工智能（Artificial Intelligence，简称 AI）驱动的产品，无论是搜索车流量最少的交通路线、翻译外语网站，还是使用语音命令播放我们喜欢的歌曲。然而人工智能技术远不止让日常生活变得更便利，它的发展促使我们在极其困难的任务上实现了重大突破，例如折叠蛋白质（Folding Proteins）使我们更好地了解人体、优化数据中心和封存碳以实现净零排放。这些创新成果的实现依赖于负责任的人工智能技术的建构——缓慢、安全、可靠并符合公共利益。

这项技术存在风险，也有回报：这些风险需要被监管，由该行业减轻并最终被根除。政府和企业通常在公众的压力下才采取行动，而在科技方面，公众还没有大声疾呼要求变革。

公众与人工智能技术的关系很复杂。这是可以理解的，因为该行业可能会让人感觉高深莫测，并被视为"技术宅"的专有领域，由 1％ 的人驱动，并以令人难以忍受的速度高速发展。

一方面，公众得到了模糊的社会福利承诺。从最简单的开始，它会识别你的脸部并解锁你的电话；它将帮助你找到完美的电影。进一步升级后，它会做你不想做的肮脏、危险、乏味的工作；它还会驾驶你的汽车并照顾你的宠物。这可能会导致人们优先选择便利而不管隐私——公民常常对眼前的好处大方接受，而不质疑其影响，也不会停下来问为什么。这些技术是为谁而创造的？当我使用这些技术时，我会不知不觉地放弃什么？那有什么价值呢？然后，诸如 2020 年 A-Level 评分惨败之类的时刻发生了，我们在唐宁街 10 号外尖叫着"该死的算法"。尽管专家认为这是基础数学（而非人工智能）使用不当的情况，即在不适合的环境中提出了错误的问题，但媒体和公众仍将其视为一种变异的人工智能算法，担心它可能会致使整个群体，甚至一代人处于不利地位。

结果呢？这充其量是公众对人工智能的怀疑。最坏的情况——人们完全拒绝其良好的潜力。

太多人被抛在后面。随着不平等的加剧，数字鸿沟正在扩大，人工智能生态系统未能激发或赢得公众的信任。这种新技术让人感觉遥不可及，或者说是触不可及。人们认为它被过度炒作或模糊不清，甚至最终相信它不适合他们。

为了让人工智能给社会和经济带来好处，每个人都需要以某种方式参与其中。无论是构建、共存、使用还是试验这项技术，很明显如今每个人都需要具备基本的人工智能和数据素养，才能有意识地、安全地参与。

作为英国政府人工智能委员会的主席，我的使命是鼓励人工智能与公众同步前进。我认为行业的生态系统应该让公众参与、倾听并根据他们的观点采取行动。

2020 年 6 月，人工智能委员会一致认为，我们需要阐明我们对人工智能在英国如何发展的共同愿景。关键支柱之一是致力于技能和多样性。我们建议政府加大力度发展、欢迎和留住英国最优秀的人工智能研究与工程人才。

与此同时，我们强调要为人工智能驱动的未来做好劳动力的储备，并确保国家为人工智能技术渗透的生活做好准备。

那么，我们将如何激励人们从事人工智能职业——在英国以及全世界？我们将如何帮助人们在职场道德范畴内能高效地学习和使用人工智能驱动的智能数字工具？公共活动肯定会发挥作用，但教育——学龄教育、国家课程以及终身学习的倡议——将会是这种深度参与的关键渠道。

这就是为何这本由罗斯·卢金（Rose Luckin）、卡琳·乔治（Karine George）和穆特鲁·库库罗瓦（Mutlu Cukurova）创作的书如此及时且重点明确。他们都是才华横溢、卓有成就的教育家。关注教师、一线人员、那些从事最艰苦工作的人、那些帮助人们在人工智能应用日益增多的社会中建设和运营的人，这是非常宝贵的。

迄今为止，教师的处境与大多数公众相似。人工智能是一个"太忙而无暇顾及"的领域，他们既不理解也不特别信任，而且鉴于各种相互竞争的优先事项，教师并没有感到必须理解这项技术的巨大压力。但随着教育技术在全球疫情期间成为焦点，情况发生了转变。如今人工智能越来越被视作教学和学习的宝贵工具，以及人类蓬勃发展所需知识的关键组成部分。于是教师需要理解和塑造这个新领域的压力已真正到来。

在这本书中，罗斯、卡琳和穆特鲁撰写了一本通俗易懂、非常人性化的指南，以帮助任何教师"为人工智能做好准备"。在简要回顾了人工智能的定义、起源和历史后，他们随即深入探讨了教师在教学实践中为什么以及如何使用人工智能技术的实际问题。这本书涵盖了许多有用的指导性问题和框架，以及来自学校和学习科学的实例与解释。该书也为如何智能且合乎伦理地收集数据提供了不少建议，以帮助教师更轻松地找到证据，回答那些看似难以捉摸的问题：在课堂上，什么样的教学方式对学生有效，并符合他们希望实现的学习成果。

重要的是，作者向我们保证，我们不需要成为专家或数据科学家就可以实质性地参与人工智能。这让我们松了一口气，因为我自己不是，事实上，大多数人也不会是。显然，这并不是一本专门针对STEM教师的书——人工智能的影响将触及整个教育赛道的教学和学习工具，无论是英语、数学、地理还是哲学。我们需要对构成人工智能的各种要素有整体的了解，并知道我们如何将它们结合起来以挖掘人类的潜力。正是这种整体的理解开启了人工智能辩论的大门。

通过这本书，罗斯、卡琳和穆特鲁为教师提供了全面进入这个时代最重要的公共对话之一的通行证。赶快加入吧，享受旅程，然后带着大家一起参与进来！

塔比莎·戈德斯托布（Tabitha Goldstaub）

英国伦敦

2021 年 8 月

引言：理解人工智能的关键要素

我们坚信，对作者经历的介绍是对他们所著书籍引言的重要补充，因此我们首先简要介绍一下我们自己。

我是罗斯，我热爱人工智能（AI），但我更喜欢人类。我想你已经喜欢上人类了——嗯，至少是一些人——但也许不喜欢人工智能。我希望当你读完这本书时，你至少会觉得自己已经和人工智能交了朋友。

喜爱则需要更长的时间。

■■■■■ 以爱与学习开启我们和 AI 的故事

当我还是个小女孩的时候，我喜欢和祖父在他的花园里度过时光。他当了一辈子的蔬菜园丁，现在退休了，他仍然拥有一个令人惊叹的花园。这是一个你可以想象彼得兔和他的朋友们在里面蹦蹦跳跳玩耍的花园。

那里有两间温室，一间种西红柿，另一间种黄瓜，再加上一些温室草莓，这样祖父就可以确保当我的生日在六月到来时，能有一篮华丽璀璨、如同宝石般耀眼的皇家至尊草莓等待着在我的舌头上绽放，然后它们鲜红的汁液流到我的下巴。

在花园的其余大部分地方，整齐地排列着茂盛的土豆、豌豆、胡萝卜和洋葱、软水果和浆果，还有几排为家里和朋友准备的花朵。我确信，他每天都会精心照顾它们，并伴随着一点爱，直到他去世的那一天。

我喜欢帮他除草、种苗，感受手指间的泥土，或者把枯萎的花朵拔掉。他甚至向我展示了如何修剪玫瑰，尽管直到我长大很久后才真正被允许操作剪枝器。但最重要的是，我喜欢从温室里的番茄植株上取出侧芽，因为它的味道简直太棒了。温室被粉刷成白色，除了精心绑扎的桁架中的一系列番茄植物外，还种有法国万寿菊，以驱赶黑白苍蝇。温室里气味热辣、浓郁、刺鼻，空气中充满了植物上饱满果实的味道，还夹杂着一丝来自万寿菊的柑橘和胡椒的味道。直到今天，炎热的番茄温室的气味，或者阳光明媚的日子里万寿菊的气味，都会立即唤起我强烈的情感和回忆。

这听起来可能很美好，我也相信确实如此，但我并不是一个总勤恳工作的天使或完美的园丁。当然，我也喜欢玩耍，祖父为我制作了一个秋千。他将一根绳子绕在李子树的一根大树枝上，这棵李子树为小草坪提供了宜人的树荫。我会荡秋千，玩想象中的游戏，整个下午都在做白日梦。我也会花很多时间在一旁看着祖父工作。

我在很多方面学到了很多东西；我欣赏、接受训练和练习，我日复一日看着这位专家快乐地辛勤劳作。我爱他，我爱他的花园，我喜欢他让我热爱自然、植物、培育成长和观察事物随着每年季节的变化而发展和变化的生活方式。

XIII

人工智能很聪明，但它只能触及我上面描述的学习体验的表面。当你继续阅读时，你将发现人工智能如何获得专业知识并从经验中学习。

你根本找不到任何关于它如何闻、尝、锄草、摘花、体验秋千在空中摆动时的微风、感受爱或大地的温暖，或对塑造其思维的记忆感到惊奇的描述。永远不要忘记人类的智慧是惊人的，它比最精明的计算机所能聚集的任何东西都要丰富得多。

■■■□ 不精通数字技术的校长

对我（卡琳）来说，作为本书的合著者和在公立学校担任校长20多年的人，理解人工智能是夺回已经变得过于规范和僵化的课程控制权的一条途径。在人工智能中，我看到了希望，一个能够减轻迭代、准备、管理、评估和反馈任务负担的机制，来帮助教师与年轻人重新建立联系，以更有意义的方式支持和加强他们的学习。现在，随着经验的增加，我认为人工智能是一个推动者，它将使每所学校在其独特的背景下制订策略，结合基于证据的实践，以全新的、令人兴奋的方式改善每个学生的教育机会。

说到这里，你可能会想，我一定是那些罕见的数字技术专家型校长之一。这与现实相差甚远。事实上，当我第一次与学校的工作人员讨论技术策略的制订时，他们都笑了，这也许让你大概了解了我相对的专业水平。但没关系：我从事教学工作，然后担任校长，以改变我所照顾的孩子们的生活机会，并支持他们为生活、工作和世界做好准备。作为教育工作者，我们都知道，各种形式的技术显然将在其中发挥重要作用。

日复一日，我们看到人类在人工智能领域取得的进步正在改变我

XIV

们的世界。也许最重要的是，这些进步正在改变世界的工作。这种转变对我们所有人都有重大影响。作为长期教育工作者，我们特别关注这些技术对教师的影响。教师在很大程度上有责任帮助学生做好准备，在现在和将来做出明智而良好的行为。如今教师对人工智能构建有效的理解越来越重要，这样他们就可以做两件事：

1. 安全有效地使用人工智能来支持学生的学习。

2. 帮助学生理解人工智能的工作原理，以及如何以合乎伦理的方式利用它的能力。

我们联手共同撰写了这本书，因为我们希望你能了解人工智能如何帮助你。我们希望你了解如何与人工智能一起工作，从而提高你作为教师、学校领导、家长、学校校长或受托人能够取得的成就。但最重要的是，我们希望你认识到我们的人类智力和脑力有多么惊人，这样你就可以牢牢地把人工智能摆在它的位置上：一种让你和你周围的人变得更聪明的工具。

因此，本书的目的是帮助教师足够了解人工智能，以购买有用且适合其教学环境的工具，有效地使用人工智能，并帮助其他人也这样做。（请注意，我们说"足够理解"，是因为一个人不需要成为人工智能专家或数据科学家就能精通人工智能。稍后会详细介绍。）我们自始至终都使用教育示例来说明我们的观点。我们已经阐述了为什么我们认为教师了解人工智能至关重要。

从你已在使用的人工智能开始探讨我们对人工智能的理解是个不错的开头。例如，许多人在手机上口述笔记时使用语音转文本的功能。这种将人们发出的声音转换成包含词组和空格的笔记的软件，是人工智能的一种形式。同样，你可能在家中或手机上使用声控个人助理Siri、Alexa 和 Google Home。在此示例中，人工智能可以分析由麦克风传来的声音，解释这些声音的含义，构建一个回应，并将回应表达为口语。

当然，全球数十亿人正在以多种多样的方式使用人工智能。从谷歌搜索到在线购物和帮助你了解世界的手机应用程序，人工智能技术的支持无处不在。学校中已经开始使用人工智能。例如，有一些自适应平台可以通过人工智能来帮助学生个体。该人工智能可以调整学生需完成的任务量以及他们在学习过程中接受的帮助有多少。我们在本章的注释中提供了这些系统的一些示例。

当任何人决定在人工智能上花钱时，他们应该了解人工智能正在做什么以及人工智能可以做什么。这并不意味着他们需要了解如何构建人工智能系统或编写计算机代码。而是意味着他们需要对人工智能"黑匣子"内发生的事情有一个整体理解。

让我们用一个类比来解释这个整体理解的含义。一个孩子想为学校的朋友们制作纸杯蛋糕。他的姐姐虽然不喜欢烘焙，但主动提出去商店帮忙。姐姐不需要确切知道纸杯蛋糕的制作步骤以帮忙采买原料。但她需要知道纸杯蛋糕需要一套能组合并烘焙的食物原料，并且她可以在食谱书中找到这些原料。这对她很有帮助，因为她知道如果没有正确的原料，纸杯蛋糕就不会成功，并且即便父母没有及时回家监督纸杯蛋糕的最终组合和烘烤过程，她也可以从食谱书中找到更多信息。

我们的目标是帮助你从本书中获得对人工智能的整体理解，类似于姐姐在纸杯蛋糕例子中所要求的理解。要对烘焙有一个整体的了解，你需要知道它的原料、组合原料的方法、烹饪这些组合的方式，了解一组固定组合的原料可能产生的外观和味道，并了解纸杯蛋糕成品是否真的适合你。希望虚构故事中的姐姐知道，如果她真正想做的是一份经典的英式早餐，那么纸杯蛋糕制作过程中所涉及的原料购买、组合和烘焙就不应该被使用！对于老师来说，就像这位姐姐一样，重要的是知道我们正在努力的目标——我们希望在人工智能的帮助下为我们的学生和学校实现怎样的教育成果。

目前市面上有一系列不同的技术可以购买，并用于教学和学习。我们虽然无法完全了解持续变化的人工智能产品和服务，但完全有能力去了解驱动不同类型人工智能技术的基本要素和处理类型。本书的每一章的设计都旨在帮助你了解这些要素，以便你在决定将新工具引入学校时，能够开始了解向技术供应商提出的正确的问题。

本书的七个章节围绕人工智能就绪框架（AI Readiness Framework）的步骤设计，该框架是我们与 Educate Ventures[2] 的同事合作开发的（图1）。

在第一章中，我们将向你介绍人工智能，并带你完成人工智能就绪框架的第一步。我们将讨论什么是人工智能，以及你如何培养人工智能的思维方式。我们将特别解释为什么数据对于现代机器学习人工

人工智能就绪 7 步法：简称 EThICAL

为了让你和你的组织做好充分利用人工智能变革性的力量的准备，我们提出了人工智能就绪过程的 7 个关键步骤：

(1) 教育（Educate），鼓励（Enthuse），激发（Excite）——人们在社区中发展人工智能思维

(2) 定制（Tailor），优化（Hone）——你想要聚焦的特定挑战

(3) 识别（Identify）——（明智地）识别，获取并核对已收集的数据

(4) 收集（Collect）——与你关注的挑战相关的新数据

(5) 应用（Apply）——准备好你的数据，应用人工智能技术去分析

(6) 学习（Learn）——了解这些数据告诉你的关于你所关注的焦点的信息

(7) 迭代（Iterate）——回到步骤 1（或任何其他步骤），完成所有流程直到你已经准备好了进行人工智能相关工作。

所有这些步骤都应在伦理道德范围内使用

图 1 人工智能就绪的七个步骤

智能如此重要。第二章将带你完成该框架的第 2 步，探讨当今学校领导和教师所面临的挑战类型。我们提供了一组标准，你可以使用这些标准来选择一到三个挑战，这些挑战可以成为人工智能就绪重点关注的方向。数据是第三章的中心内容，我们将处理第 3 步，探索那些有助于我们更深入了解教育中各种挑战的数据来源。第四章探讨了可以收集哪些新数据以帮助我们更多地了解我们面临的挑战，然后我们完成了第 4 步。在第五章即第 5 步中，我们展示了如何将人工智能应用

于教育工作者可以访问的各种数据，以便了解我们所面临的挑战。第六章研究人工智能如何帮助我们从已收集的数据中提取关于已识别挑战的信息，这样第 6 步就完成了。最后，第七章探讨如何使用人工智能就绪框架来了解学校可用的人工智能驱动产品和服务。我们也回答了伦理相关的问题，提供实用指导，帮助你在为学校尝试购买人工智能方面作出正确的决定。

在本书中，我们始终将谈论人工智能的方式置于学校场景的语境中。我们希望我们提供的解释更加容易理解且有趣。我们还希望你鼓励周围的同事也更多地了解人工智能。你还可以在每章末尾找到相关的进一步阅读的资源。

我们希望你喜欢阅读这本书，发现它很有用，并在最后感到能够为你自己和你的学生选择与使用最好的人工智能。

XVIII

■■■■□ **注释**

1. Potter, B. (2002). *The Tale of Peter Rabbit*. London: Frederick Warne.

2. https://www. educateventures. com. In particular, Dr Carmel Kent, Dr Mutlu Cukurova, and Prof Benedict du Boulay.

AI

for

School

Teachers

人工智能如何惠及教育？什么是人工智能，以及我如何有效地使用它？我需要什么类型的人工智能？这些可能是你常问自己的问题。在我们深入探讨这些问题之前，我们先花点时间了解一下人工智能是什么，以及为什么人工智能可能有用。我们还将尝试激发你对人工智能在教育中的应用潜力的热情。

■■■■■　AI 是什么？

"人工智能"的英文是 Artificial Intelligence，缩写为 AI，目前没有任何单一的公认定义。许多科学家对人工智能的准确定义和其范围覆盖哪些内容仍存在分歧。正如本章将要解释的，人工智能主要有两种类型：机器学习（Machine Learning）和老式人工智能（Good Old-Fashioned AI，简称 GOFAI）。一些人认为只有机器学习才应该被称为人工智能，但也有许多人认为人工智能的定义还应该包括用其他方式作出智能决策的工具和技术。在这里我们选择了一个简单的人工智能定义，试图涵盖大量不同类型的工具和技术，这些工具和技术可以被认为属于"人工"这一短语的范围内。我们选择的这一定义取自《牛津英语词典》[1]：

计算机或其他机器展示或模拟智能行为的能力。

■■■■ 人工智能简史

具有行为但不够聪明的机器

定义好人工智能后，让我们回顾一下人工智能从何而来。许多世纪以来，人类一直对创造生物（包括人类）表现形式的任务很感兴趣。这些表现形式通常被称为自动机，它们的历史可以追溯到中世纪，甚至可能更早。在 19 世纪和 20 世纪初，自动机达到了其流行的顶峰。从能翻筋斗的熊到能把另一个自动机切成两半的魔术师，再到在金笼子里唱歌的夜莺，这些在派对上逗趣的作品越来越复杂。也许这些作品可以被认为是人工智能的先驱。

或者更准确地说，我们可能会认为它们是控制论领域的先驱，控制论是一个探索动物和机器中发生的控制与通信的科学研究领域。控制论的研究由诺贝特·维纳（Norbert Viner）在 20 世纪中叶开始，至今它仍然是机器人能工作的核心。这些控制论机器人的前身更多的是机械而不是智能，但他们的创造影响了机器人领域的发展。即使在今天，并非所有机器人都是智能的。有些只是通过快速完成重复的机械性任务来节省劳动力。然而也有许多机器人是智能的，它们是人类渴望的一部分，随着时间的推移，人类渴望创造出能够以智能方式运行的物体。

我们也喜欢讲述具有智能行为的物体的故事，而且机器人一直以来是电影行业的最爱。谁不喜爱《星球大战》中的 C - 3PO[2] 或瓦力[3] 等机器人角色，对《银翼杀手》中的罗伊·巴蒂[4] 或博格[5] 感到恐惧，而对《机械姬》中的艾娃[6] 感到惊讶！现实没有那么戏剧化。智能软件和机器已成为现实，但没有一个能像电影机器人明星那样拥有全方位的能力。以人工智能系统同时达到多个专业能力仍然只是一种幻想。从有形的机器人到无形的软件，人工智能是一个专业操作员，没有能力自己从一个专业领域过渡到另一个专业领域。比如，自动驾驶汽车不会下棋；手术机器人不能开车。然而值得注意的是，人类外科医生可能会开车、下棋以及许多其他技能。

让我们回到人工智能历史进程上。

人工智能历史上的另一位重要人物是艾伦·图灵（Alan Turning）。他在 1950 年写了一篇题为"计算机器和智能"的著名文章，其中提出了一个问题："机器能思考吗？"[7] 艾伦·图灵是一位数学家，也是第二次世界大战期间的布莱切利公园的密码破译者。图灵提出了一种巧妙的测试，可以用来确定机器是否正在思考，因此来判断其是否智能。这项测试被称为图灵测试，它提出了这样一个命题：如果一台计算机能够欺骗人类，让其相信它确实是人类，那么这台机器就值得被称为智能的。这个思想实验引起了许多科学家的兴趣，并推动了人工智能的诞生。事实上，今天仍然存在图灵测试挑战，计算机科学家将他们的人工智能相互较量，看看谁的系统能够说服大多数人。

现代 AI 的十位创始人

图灵的这篇著名文章发表后，人工智能领域迅速发展。1956 年，在美国新罕布什尔州的达特茅斯学院举行了一次重要的会议[8]。十位科学家怀着从各个视角全面研究人类智力的丰富性的共同目标而聚集在一起。他们设定的目标是尽可能精确地描述人类智能的每一个特征，以便建造一台机器来模拟它。科学家们相信，他们能够在一个夏天的时间里朝着这个目标取得重大进展。

他们很快发现人类智力比他们理解的要复杂得多，而且那个夏天的进展很小。尽管如此，这次会议仍然具有非凡的意义，因为它催生了我们现在所认为的人工智能这一科学学科。

有趣的是，如果这十位科学家来自更多样化的背景，他们的团队是否会将人工智能引向不同的方向。我们永远不会知道。我们可以确定的是，人工智能领域的工作人员缺乏多样性是一个始终存在的问题。我们希望通过让更多人接触到人工智能，来吸引可能对使用人工智能感兴趣的更多元化的人群。

从那时起，创建以智能方式运行的计算机程序的任务就成为科学的前沿。在这个阶段，人工智能的重点不是机器人，而是开发能够使计算机智能交互的软件。早期的尝试非常简单。像 ELIZA 系统[9]，它是一个扮演心理治疗师角色的计算机程序，它是基于文本的，需要扮演患者的角色输入他们的问题和病症。ELIZA 软件的程序设定其从患者键入的内容中查找关键字。当找到关键字或短语时，软件会触发一个库存答案模板，然后 ELIZA 在计算机屏幕上以文本形式提供她的建议。很难相信如此粗糙的东西能骗过任何人，让他们在说完第一句话后继续向 ELIZA 咨询。但有几个人确实被 ELIZA 欺骗了，至少有一段时间是这样的。

良好的老式人工智能（GOFAI）和专家系统

如果在新罕布什尔州相遇的那十位科学家被认为是人工智能之父，那么也许 ELIZA 应该是人工智能之母[10]。像 ELIZA 这样的系统的重要之处在于，它识别了一个特定的模拟智能行为的方法。这种方法被称为基于产生式规则的模式匹配，ELIZA 在 1964 年被设计出来，而后几十年里她"催生"了许多类似的系统。事实上，从 ELIZA 发展而来的基于产生式规则的系统已经变得足够复杂，可以完成诸如此类的高级活动：从一系列症状诊断疾病并根据这些症状给出建议治疗方案。这些系统被称为专家系统，用于多种不同的领域（例如医学）。

GOFAI 运动的顶峰出现在 1997 年，当时 IBM 构建的一个名为 Deep Blue（深蓝）[11] 的系统在国际象棋比赛中击败了当时的国际象棋大师加里·卡斯帕罗夫（Gary Kasparov）。这是令人印象非常深刻的，标志着人工智能历史上这一阶段的高光。

这些 GOFAI 系统的问题在于，人工智能有能力执行的操作必须预先在编写软件时全部编程好——这是一项艰巨的任务。像国际象棋这样的游戏，每个特定的棋子也许只能执行一定数量的移动，但这些移动棋子的组合可以创建数百万次迭代。事实上，仅仅是尝试预测国际

5

象棋接下来的两步棋，就会产生 1 225 种可能的棋盘状态。展望未来 20 步的棋局，则有 2.7 万亿种可能出现的棋盘状态。

编写一个计算机程序来处理如何应对所有可能性的方法，并在这方面成为世界上最出色的人，这绝非易事。然而这种类型的人工智能所能实现的智能受到了严重的限制。一旦知识被写入计算机程序代码，倘若不返回并更改代码，系统将无法更新。无论它们诊断出多少病例，无论它们发现了多少煤气管破裂，无论它们下了多少盘棋，GOFAI 系统永远都不会改善。

然而，在我们将 GOFAI 局限于历史书之前，仍然值得思考一下它可以提供的用途。作为教师，我们可以很容易看到 GOFAI 系统在课堂上仍然非常有用。例如，计划一次学校旅行涉及许多可能的步骤，如图 1.1 所示。一个操作简单的应用程序对教师逐步完成所有这些流程和决策点是非常有帮助的，而且这个应用程序可以用 GOFAI 来构建。

我们还应该注意，有人建议，用于创建 ELIZA 及其"后代"等系统的产生式规则可以代表人类思想的基础。例如，约翰·安德森（John Anderson）的工作，他开发了人类的自适应思想控制（Adaptive Control of Thought，ACT）理论作为一组产生式规则[12]。当我们评估他的工作时，要记住，我们现在对人类思想的了解比约翰·安德森发展他的 ACT 理论时要多得多。我们还应该记住，他的工作催生了一代认知 STEM 学科的辅导软件，该软件在辅导学生数学和科学方面非常成功。事实上，这些认知辅导系统是卡内基梅隆大学的衍生公司卡内基学习（Carnegie Learning）[13] 现在的销售系统的基础。

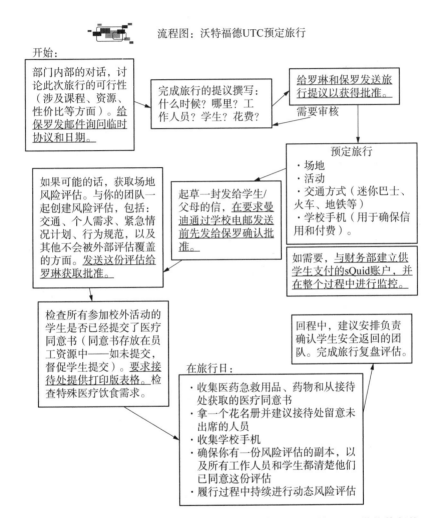

流程图：沃特福德UTC预定旅行

开始：

部门内部的对话，讨论此次旅行的可行性（涉及课程、资源、性价比等方面）。给保罗发邮件询问临时协议和日期。

完成旅行的提议撰写：什么时候？哪里？工作人员？学生？花费？

给罗琳和保罗发送旅行提议以获得批准。

需要审核

预定旅行

· 场地
· 活动
· 交通方式（迷你巴士、火车、地铁等）
· 学校手机（用于确保信用和付费）。

如果可能的话，获取场地风险评估。与你的团队一起创建风险评估，包括：交通、个人需求、紧急情况计划、行为规范，以及其他不会被外部评估覆盖的方面。发送这份评估给罗琳获取批准。

起草一封发给学生/父母的信，在要求曼迪通过学校电邮发送前先发给保罗确认批准。

如需要，与财务部建立供学生支付的sQuid账户，并在整个过程中进行监控。

检查所有参加校外活动的学生是否已经提交了医疗同意书（同意书存放在员工资源中——如未提交，督促学生提交）。要求接待处提供打印版表格。检查特殊医疗饮食需求。

回程中，建议安排负责确认学生安全返回的团队。完成旅行复盘评估。

在旅行日：

· 收集医药急救用品、药物和从接待处获取的医疗同意书
· 拿一个花名册并建议接待处留意未出席的人员
· 收集学校手机
· 确保你有一份风险评估的副本，以及所有工作人员和学生都清楚他们已同意这份评估
· 履行过程中持续进行动态风险评估

图 1.1　安排一场学校旅行所涉及的步骤示例［经沃特福德 UTC 学校执行校长保罗·昆恩（Paul Quinn）许可使用］

9

实际上，卡内基学习的例子并不是 20 世纪末和 21 世纪初的时代精神。从深蓝的顶峰开始，人工智能的发展速度比达特茅斯学院会议后的几年要慢得多。无法自主学习的技术限制严重阻碍了我们想让人工智能实现的目标，而且资金也较少。迄今为止最严重的人工智能寒冬曾就此到来。

■■■■■ 可以学习的机器

他们说，黎明前总是最黑暗的，而人工智能的寒冬对于在该领域工作的人来说确实是一个相当黑暗的时期。在告别 20 世纪，新千年来临之际，人工智能的进展依然缓慢。尽管人们对人工智能很冷淡，但对许多有抱负的计算机科学家来说，生产像人类一样在特定活动上执行得越来越好的人工智能系统，这是一个强大的动力。2011 年，谷歌成立了谷歌大脑（Google Brain），由此出现了机器学习领域并开始发展。[14]

8 机器学习是许多现代人工智能系统使用的方法。事实上，我们日常使用的大多数人工智能很可能是在（至少部分是）使用机器学习，以产生使系统看起来智能的行为。例如，想象一下，你参加了一次社交聚会，看到你的一个朋友穿着一双你非常喜欢的鞋子。你的朋友对这双鞋子的来源和售价含糊其词。但你很想知道，这样你就可以在活动期间购买它。你设法说服朋友让你给鞋子拍张照片。这意味着你可以通过具有视觉搜索功能的人工智能软件来应用该照片。这种类型的人工智能系统将搜索数以百万计的图像，试图找到与照片中的鞋子匹配的图像。

运气好的话，你想要的鞋子可以在购物网站上找到。如果它确实在网上销售，那么视觉搜索人工智能系统很有可能为你找到它们。

视觉搜索不仅仅适用于鞋子。它对老师来说也是一个真正的福音。毫无疑问，作为一名教师，你可能被一个暂时无法回答的问题困扰，通常是一个简单的问题。带孩子出去探索、收集和识别不同种类的植物、花卉或树木，然后进行分类是一项常见的活动。在绝大多数情况下，孩子会要求老师说出他们可能不熟悉的一种花的名称。然而，帮手就在眼前，有许多应用程序具有视觉搜索人工智能的功能，这样老师就可以拍摄多张照片，上传它们，并获得即时识别。正如我们一开始所说，与人工智能交朋友是个好主意。

训练系统

诸如刚刚描述的视觉搜索系统，这类系统使用机器学习。机器学习人工智能系统中的指令（有时被称为算法）需要进行训练。[15] 就如同我们人类可以被训练以识别相似性和差异性一样，人工智能算法也可以被训练。

这种让人类能够识别特定鞋子的训练可能刚开始并不明确，但随着我们的成长，变得更有能力观察和处理周围的世界，训练就会发生。每一天，随着孩子的成长，他们会看到数以百万计的来自周围世界的图像。孩子逐渐能够更准确地识别事物，比如妈妈的脸、自己的手、婴儿床旁边墙上的鲸鱼图片。以类似的方式，机器学习算法必须使用

9

数百万双鞋或植物的图像进行训练，以便在图像输入系统时，该算法能够准确识别特定的一双鞋或植物。

机器学习的人工智能系统可以做很多事情，而不仅仅是图像识别视觉搜索。但视觉搜索是机器学习人工智能变得极其准确的活动之一。事实上，我们中许多人帮助训练了这些算法，大多数时候，我们并没有意识到我们正在这样做。

下次你登录网站时，系统会要求你从一组图像（例如楼梯、桥梁或交通信号灯）中选择特定项目的所有实例[16]，你给照片进行标记这一行为正是在帮助被训练识别这些项目的算法，帮助它们注意交通信号灯、桥梁、楼梯等。这些物体有各种形状和尺寸。训练算法来识别图像所描绘的内容并不是一件容易的事。正如我们将在第五章中向你展示的那样，在训练机器学习算法之前，需要大量时间，而且通常还需要大量人力来准备数据。

准备工作至关重要且需大量人工时间

在机器学习算法开始学习之前，准备阶段内必须确保数据被正确标记。当然，不光是机器要为了学习而进行培训。人类也需要这样做。例如，看看我们如何了解形状。我们的世界由形状和空间主导，不论是厨房、浴室还是户外。看看你的周围！为什么几何是学习数学课程的关键组成部分，这不难理解。通过了解形状和空间，学生能够整理他们的视觉数据，以便思考和描述他们的环境。

一开始，孩子们需要有语言或标签来命名和描述形状。这通常开

10

始于玩耍。命名街区、发现和匹配形状、在学校和当地环境周围寻找形状，这都是他们在未来理解测量、艺术中的构造透视等方面工作的必要前提。

这种概念的分层学习也应用在机器学习中。如果机器学习算法要学习的数据是图像的形式，并且需要识别哪些图像包含交通信号灯、楼梯、鞋子或其他任何内容，那么所有用于训练机器学习算法的图像都需要根据它们是否包含交通信号灯、楼梯或鞋子来进行标记。谁来做这个标记呢？他可能是为人工智能产品制造公司工作的人员，但也可能是你、我或我们的朋友，正如我们刚才所说明的那样。这里需要注意的一点是，机器学习需要人们的大量帮助才能开始学习任何东西。

终身学习，对机器更是如此

正如我们所看到的，机器学习人工智能（Machine Learning Artificial Intelligence）建立在学习的基础上——从示例中学习，或更准确地说是从数据中学习。机器学习人工智能算法获取数以百万计的数据示例并从中学习。也就是说，它从经验中学习。

机器学习的真正威力是在训练阶段之后发现的。一旦机器学习系统经过训练，开发人员确信其达到在现实应用中足够准确的水平，系统就会继续学习和改进。

同样的情况也发生在孩子的学习经历上。一旦我们教会他们形状和空间的语言，并且他们能够区分和理解它们的属性，他们就可以将这些知识应用到设计和技术的建造课程中，从而超越单纯的数学学习。

11

通过这种方式，学生可以持续构建并巩固他们的学习成果。

▪▪▪▪▪ 透明度和 AI，或理解黑匣子里正在发生的事情

你可能会想，机器学习的出现已经让 GOFAI 过时了，因为当你有一个可以学习的人工智能时，为什么还要用一个不能学习的人工智能呢？事实上，为什么要把一个无法学习的人工智能称为人工智能？很多人并不认为 GOFAI 是人工智能，尽管无法学习是它很大的缺点，但它确实具有一些显著的优势。当 GOFAI 的规则被触发时，它会创建一系列决策点。因此，GOFAI 系统作出的任何决定都是可以解释的。这使得 GOFAI 系统高度透明。[17]

另一方面，机器学习人工智能没有规则。因此，我们很难准确地了解机器学习系统为何作出特定决定。机器学习人工智能系统就是我们所说的黑匣子系统（Black Box Systems）。[18] 机器学习人工智能系统的算法做了什么或者为什么它作出了特定的决策，这一方面没有透明度可言。机器学习速度很快，并且它能够学习。与 GOFAI 相比，它有很多优势。然而它无法提供解释的弱点意味着一个重大问题，尤其对于教育和培训活动而言，能够解释并时常证明为什么作出特定决定是非常重要的。

在教育环境中，如果你无法解释或证明所采取的行动合理，那将是一场彻头彻尾的灾难。想象一下如果发生同伴间虐待的情况。学校已经调查并决定了一项对一个孩子的影响比对另一个孩子更大的解决方案。在这种情况下，是你的孩子受到了更大的影响。回到家后，孩

子描述了事情发生的过程，你听了后认为这并不能证明学校采取的行动是合理的。在此背景下，由于信息有限，如果我们希望学校采取的方案能得到家长的支持的话，那么每位家长都期望并有权利了解学校所作决定的合理性。

GOFAI 与机器学习可以协同工作

机器学习社区热衷于纠正机器学习人工智能缺乏透明度的问题。在世界各地，人工智能科学家正在研究通常被称为可解释人工智能（Explainable AI，XAI）的技术。[19] XAI 的目标是提高机器学习人工智能的透明度，并找到为这些系统的决策生成解释和理由的方法。这可能意味着要将 GOFAI 和机器学习技术结合起来，尝试两全其美。

机器学习人工智能面临的其他挑战之一是需要大量数据供人工智能学习。我们以机器学习人工智能系统的论文评分为例。为了准确地对论文进行评分，机器学习人工智能需要在所有可能的评分范围内处理或"体验"数百万篇论文，然后才能准确地对论文进行评分。我们是否有数以百万计的评分论文示例，涵盖了所有可能的分数？它们是否采用数字格式，可以被标记并可供机器学习人工智能访问？我们也许能够整理出足够多的示例，但这并不容易。机器学习人工智能的大量数据需求是其应用的一个关键限制。毫不奇怪，人工智能科学家热衷于寻找一种方法来应对这一挑战，于是一个名为 TinyML20[20] 的机器学习新领域正在不断发展。TinyML 还处于早期阶段，看看这项新技术以后有多成功将会很有趣。

参与人工智能的一个关键组成部分是了解数据对机器学习人工智能的重要性。考虑一下你可以访问的数据并列出一个列表。

> 列出你有权访问的三种数据。
>
> 并且
>
> 列出可能需要人工智能帮助你完成的三项任务。

当你阅读本书时,请考虑人工智能可以有效处理你的数据的方式。在下一章中,我们将开始探索人工智能比我们人类更擅长的任务,这也有助于你开始思考人工智能可能帮助你完成的任务类型。

你考虑的数据可能是有关个人的数据,例如他们的学业表现。或者可能是关于这些个人感受的数据,他们是否焦虑,或者他们是否感到非常自信。任何组织中都有多种类型的可用数据,当我们提出"哪些数据可用?"这个问题时,通常不会认真考虑一些最明显的数据类型。例如,教室的温度数据,或人们从建筑物的一处到达另一处所需的时间,或每个教室的光照水平,或哪个学生经常坐在哪个学生旁边的数据。

我们知道你的时间有限,考虑数据源似乎并不是合理利用你的时间的方式。但相信我们,这确实是值得的。特别是,如果你是一名学校领导,你的时间被诸多相互竞争的任务占据,那你可能很容易忽视数据的价值。我们知道,建筑本身的结构及其所有资源都是支持学习的重要资产。为此,学校有库存、日志和财务数据,记录了从体育设备和技术的采购到地毯的更换,甚至订购的椅子数量等一切内容。学校是一个尚未被充分利用的数据宝库。当问题出现才处理可能意味着高昂的成本，而且如果要从一个资金来源抽出钱来支持另一个来源，其他预算可能也会受到影响。因此，学校需要认真检查他们拥有的所有数据，通常许多学校在后勤方面的难题都可以从他们掌握的数据中找到解决方案。一旦你对数据有更多了解，你将能够更好地了解人工智能如何帮助你，也许是通过智能维修和维护系统。为了作出人工智能部署的最佳决定，认真考虑你可以使用的数据类型是值得花费时间的。

14

■■■■■ 自主性和自适应性

在本章中，我们非常简要地描述了当今人工智能的历史根源。我们描述了人工智能的两大类：GOFAI 和机器学习。一类人工智能可以学习；另一类则不能。一类人工智能可以轻松地为所有决策生成解释，而另一类则不能。数据的关键概念已经被描述出来，它为机器学习人工智能提供了学习的经验。为了使机器学习人工智能能够从这些数据中学习，它必须由人来准备，这是我们许多人每天不知不觉地参与的活动。最后，在本章中，我们希望向你介绍在机器学习和 GOFAI（在某种程度上）的人工智能中会遇到的两个特征，为你接下来的章节学习做好准备，你在阅读过程中将会遇到这两个特征。这两个特征是**自主性（Autonomy）**和**自适应性（Adaptivity）**[21]，你将在本书的其余部分看到我们会反复提及它们。

自主性是指让人工智能系统能够在没有人类持续指导的情况下自

主完成行动。

　　然而，要记住的重点是，在某些情况下，即使人工智能系统能够自主行为，我们也可能希望不这样做，例如自主武器。自主性和人工指导之间的平衡通常是最好的前进方式。

　　自适应性描述了人工智能与人们互动的方式，比如帮助人们学习算术。自适应性改变了人工智能根据人们采取的行动进行交互的方式。

　　以学生学习算术为例，人工智能可能会根据教师要求学生完成的算术活动的难易程度进行调整，并且还可能提供或多或少的帮助和支持，具体取决于学生完成活动的容易程度。当你阅读时，想想你可能拥有的数据类型，请考虑自主性和自适应性。不需要持续指导并且可以调整其行为的人工智能对你有何帮助？

■■■■ 参考资源

- Anthony Seldon and Oladimeji Abidoye. *The fourth education revolution: will artificial intelligence liberate or infantilise humanity*. The University of Buckingham Press.

- Rosemary Luckin. *Machine learning and human intelligence: The future of education for the 21st century*. UCL Institute of Educational Press.

- Rose Luckin and Wayne Holmes. *Intelligence unleashed: An argument for AI in education*. Open Ideas at Pearson.

- Barbara Means, Robert Murphy, and Linda Shear. *Understand, implement & evaluate*. Open Ideas at Pearson.

■■■■■ 注释

1. https://www.oed.com/viewdictionaryentry/Entry/271625。

2. 《星球大战》的 C‐3PO。

3. https://en.wikipedia.org/wiki/WALL‐E。

4. https://en.wikipedia.org/wiki/List_of_Blade_Runner_characters♯Roy_Batty。

5. https://en.wikipedia.org/wiki/Borg。

6. https://en.wikipedia.org/wiki/Ex_Machina_(movie)。

7. https://academic.oup.com/mind/article/LIX/236/433/986238。
   https://scholar.google.com/itations?view_op＝list_works&hl＝en&hl＝en&用户＝VWCHlwkAAAAJ。

8. https://en.wikipedia.org/wiki/Dartmouth_workshop。

9. Weizenbaum, J. (1966). ELIZA — a computer program for the study of natural language communication between man and machine. *Communications of the ACM*, 9(1), 36‐45.

10. 当然，我们开玩笑说，有许多女性为现代计算创造了条件并突破了它的界限。例如，请参阅：https://blog.re‐work.co/female‐data‐science‐pioneers‐you‐may‐not‐have‐heard‐of/。

11. 深蓝还使用了另一种流行的 GOFAI 技术，称为搜索。本书没有足够的篇幅来提供详尽的解释，但顾名思义，搜索涉及研究可能的棋盘状态，以便决定选择哪个。国际象棋游戏的搜索空间巨大，这意味着构建人工智能的团队必须想出不同的技术来减少深蓝需要导航的搜索空间的大小。你可以在本文中了解深蓝的工作方式：https://core. ac. uk/download/pdf/82416379. pdf。

12. https://en. wikipedia. org/wiki/ACT-R 和 Anderson, J. R. (1996). *The Architecture of Cognition* (1st ed.). Psychology Press. https://doi. org/10.4324/9781315799438。

13. https://www. actuaries. digital/2018/09/05/history-of-ai-winters/。

14. https://www. nytimes. com/2016/12/14/magazine/the-great-ai-aw-ak-ening. html 和 https://en. wikipedia. org/wiki/Google _ Brain。

15. 此描述专门针对一种很常用的机器学习形式，称为监督机器学习，我们将在第五章中详细讨论这一点，以及一些其他类型的机器学习。

16. https://www. techradar. com/uk/news/captcha-if-you-can-how-you-ve-been-training-ai-for-years-without-realising-it, https://towardsdatascience. com/are-you-unwittingly-helping-to-train-googles-ai-models-f318dea53aee 和 https://www. google. com/recaptcha/about/。

17. https://en. wikipedia. org/wiki/Algorithmic _ transparency。

18. https://en. wikipedia. org/wiki/Black _ boxhttps://royalsociety. org/-/media/policy/projects/explainable-ai/AI-and-interpretability-policy-briefing. pdf 和 https://en. wikipedia. org/wiki/Explainable _ artificial _ intelligence。

19. XAI。

20. https://www.arm.com/blogs/blueprint/tinyml 和 https://www.oreilly.com/library/view/tinyml/9781492052036/。

21. https://course.elementsofai.com/1/1。

AI for School Teachers

第二章

教育的挑战与人工智能

每个老师都知道，好奇心和动力是成功学习的关键。我们希望第 17
一章能够帮助"教育、激励并激发"你对人工智能的历史、基础和可
能性的了解。现在，我们进入人工智能就绪框架的第二步，探索教育
工作者所面临的挑战，并将我们的重点集中在其中的几个方面。

■■■■ 你面临的挑战是什么？

人工智能就绪法的一个关键方面是，帮助你将注意力集中在你作
为教师、校长或者可能是学校董事会成员或受托人当前面临的棘手挑
战上。也许你面临的挑战是系统性的、基于流程的。或许它们的根源
在于试图将你的学校从传统的教学方法转变为基于探究或项目的教学
方法。

在我们确定你面临的挑战之前，让我们先讨论一下最近引人注目
的挑战，其中使用人工智能的尝试的结果非常糟糕。

新冠疫情给教育工作者带来了当代的一个大的挑战——评估的公
平性和准确性，特别是基于考试的总结性评估变得更加突出。由于学 18
生无法上学，教育工作者可以（以及应该）如何评估他们的进步并授
予成绩呢？考试评估是在物理空间而不是在线进行的，因此当物理空

间不可用时怎么办？在英格兰和威尔士，算法被用来计算 2020 年国际文凭成绩以及国家 A Level 和 GCSE 考试成绩。该算法用于作出评分决策的关键数据是教师的预测成绩，以及学生所就读的学校的历史表现数据。

算法产生的结果引起了轩然大波。与 2019 年[1] 相比，该算法授予的 A level 成绩为 A 级及以上的数量增加了 2.4%，这一增幅相对温和。但是，39.1% 的 A level 成绩是从教师评估的成绩中降级的，其中最大的差异出现在社会经济背景最低的学生身上。该算法被设计的主要目标是防止分数膨胀，它的确实现了这一目标。然而，历史数据的影响注定了历史成绩较差学校个别学生的成绩。由于公众的愤怒，算法产生的成绩被忽略，而是使用了教师预测的成绩。

重要的是要认识到，这个警示故事并不意味着算法和人工智能不能用于支持对成绩的决策。它的真正含义是，必须认识到评分决策的复杂性，并且必须对算法进行彻底测试，然后才能负责任地计算出真实学生的成绩。除此之外，它还应该与教师合作，不是修改或替换他们的成绩估计，而是在做这些估计时，用额外的数据和"数字计算"能力来支持他们。这将是人工智能和人类智能（Human Intelligence，HI）协同工作的一个很好的例子。

在确定自己面临的挑战时，要广泛撒网。考虑各种不同类型的挑战。例如，确保学生的福祉和心理健康是另一个日益受到关注的领域。气候变化和环境，以及让学生做好应对这些紧迫需求的准备，是许多教育工作者面临的首要挑战。社会流动性是一个持续关注的领域，对参与大学招生的人员的担忧也是如此，他们必须确保在设计和实施招

19

生政策时不会歧视任何类别的学生。清单 X 和 Y 中列出了旨在解决学校教师和校长可能面临的其他挑战的问题，还有一个空清单（清单 Z）供你开始记下你自己遇到的一些问题和挑战。其中的一些问题是否可以通过审慎地开发和应用人工智能来解决？[2]

清单 X：帮助确定学校教师可能面临的挑战的问题

— 我班上的孩子们定期上课吗？

— 孩子们与同龄人之间建立了良好的关系吗？

— 我班上的孩子营养良好吗？

— 我是否计划了能够达到预期学习成果的课程？

— 我的评分和反馈是否有效地吸引了学生，以便他们采取行动改进学习？

— 我如何评估家长对我作为教师的看法？

— 我如何确保我的学生培养了软技能？

— 我如何知道我们达到了预期的教学标准？

— 我应该怎样做才能缩小数学方面的性别差异？

清单 Y：帮助识别校长可能面临的挑战的问题

20

— 我如何招聘和留住适合我的情况的员工？

— 我如何获取或发展持续专业进修课程以满足员工的需求？

— 我如何在员工中培养教育技术能力？

— 我如何确保有特殊教育需求的学生获得他们所需的服务？

— 我如何确保我们实现核心学术科目的理想目标？

续　表

清单 Y：帮助识别校长可能面临的挑战的问题

- 我如何知道我在与所有利益相关者及时沟通？
- 我如何评估我的学校发展计划是否符合目的？
- 我怎样才能知道全校所有的孩子是否都在进步？
- 我如何知道学校的投资获得了良好的回报？[3]

帮助你决定选择聚焦哪个（或哪些）挑战的十个问题

显然，可能存在很多挑战。现在你已经开始清晰地表达自己的一些想法了，是时候开始聚焦一些了。为了帮助你确定哪一组挑战最适合首先关注，我们提出了一组十个问题。

问问你自己，以及你的同事、团队、同行、经理或利益相关者，并利用他们的答案来缩小你的选择范围。

1. 对于这个挑战，你已经了解了什么？（非常了解打 3 分，了解得一般打 2 分，不太了解打 1 分，一无所知打 0 分）

2. 你能了解哪些现在还不知道的信息？例如，如果你想更多地了解不同学生群体之间成绩差距的信息，那么请认真思考你可以准确了解学生的哪些信息，比如他们的朋友、家庭、背景等。或者，也许你担心欺凌行为——存在不同程度、不同类型的欺凌行为。例如，网络欺凌、身体欺凌、起外号等。你可以探索学校中导致这些事件发生的

21

环境条件。（如果你有信心自己可以了解更多信息，请打 3 分；如果你相信自己可以了解稍微多一点信息，请打 2 分；如果你不确定自己是否还可以了解更多信息，请打 1 分；如果你认为自己无能为力，则打 0 分）

3. 你面临的挑战在多大程度上是可控的？由谁控制？所有的系统和程序是否被所有教学与支持人员清楚地理解？它们是否经过审计、报告和监控？［如果挑战是（a）可控的，（b）由学校或学校团体内的某人控制，并且（c）你确实拥有控制挑战的所有系统，则打 3 分；如果（a）、（b）和（c）中任意两项为真，则打 2 分；如果（a）、（b）和（c）中任何一项为真，则打 1 分；如果（a）、（b）或（c）都不为真，则打 0 分］

例如，招聘、培训和维持最好的员工团队。任何组织对招聘挑战的控制都是有限的，因为虽然它可以优化其采用的招聘流程的所有要素，但它无法控制有多少人申请。希望你相信有适当的系统可以帮助你优化你控制范围内的招聘流程要素，并且人工智能在这方面肯定可以提供帮助。然而，该组织无法改变正在寻找所提供的工作类型的人数。同样，学校无法控制拥有适合所需职位的资格、技能和专业知识的申请者群体。（在这个例子中，分数是 2，因为整个招聘过程不在你的控制之下，但你确实拥有适当的系统来最大限度地发挥你控制范围内的流程的各个方面） 22

4. 存在多大程度的不确定性？例如，基于工作人员和儿童不完整的报告程序提出的挑战，或者基于轶事证据提出的挑战，很可能存在一定程度的不确定性。（如果不确定性水平可以忽略不计，则打 3 分；

如果存在适度的不确定性，则打 2 分；如果存在很大的不确定性，则打 1 分；如果完全没有确定性，则打 0 分）

5. 你已经有数据来帮助你了解这一挑战了吗？或者你可以访问有关此问题的数据吗？（如果你拥有或可以从不同来源访问大量数据，则打 3 分；如果你拥有或可以从不同来源访问适量数据，则打 2 分；如果你拥有或可以从任何来源访问极少量数据，则打 1 分；如果你既没有数据，也没有访问任何数据，则打 0 分）例如，你可能拥有从现有调查、家长评论或投诉、行为日志和风险评估中得出的数据。

6. 如果你没有足够的数据来帮助你了解这一挑战并找出应对挑战的最佳方法，你能否收集到更多数据？总是有机会从学生那里收集更多数据。（如果能够收集到大量相关数据，则打 3 分；如果可以收集到适中的相关数据，则打 2 分；如果只能收集到少量相关数据，则打 1 分；如果无法收集到任何新数据，则打 0 分）

7. 你对挑战的评估以及对应对挑战的最佳方法的预测有多准确？（如果你能非常准确，则打 3 分；如果你可以相当准确，则打 2 分；如果你只能给出一个不精确，因此也完全不准确的答案，则打 1 分；如果根本不能准确，则打 0 分）

例如，网络欺凌是一项很难准确评估的挑战，因为它可能发生在校园和系统之外。

8. 你或你的组织是否有意愿和能力进行变革以应对这一挑战？（如果答案是"是"则打 6 分，如果答案是"否"则打 0 分）

23   如果答案是否定的，无论出于何种原因，那么花时间研究人工智能如何帮助你以新的方式应对挑战可能不是一个好的投资。

9. 这一挑战与 AI 是否兼容？（非常兼容，则打 3 分；一般兼容，则打 2 分；不太兼容，则打 1 分；完全不兼容，则打 0 分）

这个问题现在对你来说可能很难回答，但本章中题为"谁拥有权力：人工智能还是人类智能？"的部分将会对你有所帮助，我们希望本书的其余部分也能对你有所帮助。

10. 最后，也是最重要的一点，解决这一挑战对你或你的组织有多重要？（如果解决这个挑战至关重要，则打 6 分；如果解决这个挑战很重要，则打 4 分；如果相当重要，则打 2 分；如果根本不重要，则打 0 分）

得分最高的挑战应该是你的首要任务。如果你有多个得分最高的挑战，请优先考虑问题 8 和 10，将其得分加倍。

无论你面临的主要挑战是什么，是招聘、留住员工、培训还是完全不同的挑战，在用这 10 个问题探究后，在剩下的挑战中作出选择。这十个问题是为了提示你思考每个问题的具体情况，并且该活动应被视为指导工具而不是教条。

我们撰写本书的目的之一，以及更广泛的人工智能就绪的目的之一，是确保教育工作者对人工智能有足够的了解，以便在决定应将多少财务资源分配给人工智能技术时作出明智的决定。然而，在作出这些决策时，重要的是要认识到仅靠人工智能很难产生解决方案。更有可能的是，人工智能和人类智能携手合作来实现解决方案。

■ ■ ■ ■ ■　**了解你的假设**

在你完成这 10 个问题的评估后，另一个非常有用的过程是明确假

24 设，这是你对每个问题给出答案的基础。即使你已经设法优先考虑了一个挑战，明确你的假设也很重要。如果在评估十个问题之后你有多个具有相同分数的挑战，那么明确你的假设可以帮助你区分优先考虑的挑战。

明确你的假设可能很困难——毕竟它们是假设，通常是不成文的最佳猜测。

例如，也许你给自己设定了一个挑战，以确保每个学生都能在家中使用计算机，因为你正在推广一个人工智能平台，它提供个性化的课程，适应每个学生的需求，并且与你的课程相兼容。你希望做好充分准备，以防未来出现干扰（例如在新冠疫情期间发生的干扰）。你会发现当地企业愿意赞助该技术，同时你的副校长的妻子是一位计算机高手，她也愿意提供帮助。但是，你检查过你的假设吗？你是否假设所有父母都希望他们的孩子在家拥有一台电脑，有一个安静的空间供孩子在家学习，并且家里有足够的宽带连接来支持所提议的人工智能平台？你是否假设赞助该技术的当地企业想要得到什么回报，也许是广告？那些企业参与的活动是不是所有父母都会认为适合学校赞助安排的？

我们总是会作出假设，所以请将你的假设公开并清楚地描述和记录。

■■■■■ **谁拥有权力：人工智能还是人类智能？**

对于问题 9，我们要求你深入研究人工智能的兼容性，并承诺在本章进行更多解释。我们现在正在兑现我们的承诺。为了了解人工智能是否有助于应对特定挑战，我们需要了解最适合由人工智能完成的活动，以及最适合由人类完成的活动。表 2.1 说明了人工智能占据主导地位的一些领域以及人类智能（HI）仍然占据主导地位的一些活动。[4]

25

表 2.1 人工智能和人类智能的一些优势

AI 能比我们做得更好的是什么?	我们能比 AI 做得更好的是什么?
模式匹配	跨学科学术智能
将对象分类到特定分组	元认识智能（Meta-knowing Intelligence）：能够识别和产生良好的证据来作出决策，以及判断信息是否真实
自动化和复制重复任务	社交智能
处理大量数据	元认知智能（Meta-cognitive Intelligence）：规划、监控和调控我们自己的思考能力
存储大量数据	元主观智能（Meta-subjective Intelligence）：识别与监控我们自己和与我们互动的其他人的情感智能发展
从多个位置和传感器收集与整合数据，其中一些可能正在监测生物系统	元语境智能（Meta-contextual Intelligence）：能够在不同地点、人群、地方和环境之间无缝移动
将复杂的现象简化为人们可以理解的部分	感知自我效能[5]

　　AI 和 HI 之间的差异使每种智能都有机会超越另一种智能。例如，人工智能的力量使其能够提供一对一的辅导系统，生成针对个人学习的需求的活动，并提供有关学习微步骤的及时反馈，以便学生可以按照自己的节奏进行学习。这些智能辅导系统可以处理大量数据，而教师需要花费数小时、数天、数周的时间来综合数据，以便对学习内容作出适当的决定。人工智能不会累，也不需要睡觉或吃饭，因此人工智能可以提供始终在线、个性化和包容性的学习，并让教师可以自由地设计课程方法。

　　然而，人工智能的弱点之一是社交智能。与人类教师不同，人工智能无法对学生做出具有同理心的调整。如那些可能因情绪不佳而无法投入学习，甚至连熟悉的概念都难以理解的学生，或者你所知的需要和教师互动来获得支持的学生。

26

■ ■ ■ ■ ■　将伦理纳入评估

　　在我们进一步讨论之前，花点时间考虑任何涉及人工智能的数据驱动流程的伦理影响非常重要。考虑到人工智能的复杂性，这并不总是那么容易。然而，人工智能的复杂性可以通过分解以下领域需要考虑的问题来简化。

伦理与数据

　　收集数据的决定是否符合伦理？数据的收集是否得到了数据所

有者的完全同意？数据存储是否安全？它是否私密且受到保护，我们是否确保没有其他人能够访问这些数据，除非他们有明确的访问权限？

27

伦理与处理

数据的处理是否会以减少处理过程中产生偏差的可能性的方式来进行？我们是否有信心认为数据的处理将产生公平和合适的结果？

伦理与输出

人工智能处理数据后的输出是什么？输出可能被认为是任何人工智能应用程序伦理难题的最后一块。然而，有时输出也是下一阶段处理的输入，因此它不是拼图的最后一块。

让我们看一个可能出现在伦理人工智能思考进程中的提问示例。

在英国，有特殊教育需要（Special Educational Need, SEN）的儿童可能有教育、健康和护理计划（Education, Health, and Care Plan, EHCP）或个人教育计划（Individual Education Plan, IEP），其中规定了他们今年的目标以及实现这些目标所需的任何支持。为了监控每个孩子的进步，教师必须根据与每个目标相关的数据作出决策。定期分析这些数据可以为下一个学习序列作出教学决策。这种迭代循环会随着学生的进步而继续，并允许根据社会、情感和环境变化（例如在学年或学校之间的过渡）调整方法。在每种情况下，都会开始对数据收集和处理进行进一步的质疑。[6] 如果我们想将人工智能引入这样的流程，我们需要采取与手动流程相同的步骤。我们必须确保收集数据的决定是符合伦理的，是在完全同意的情况下收集的，并且是安全存储和保护的，以便只有获得授权的人可以访问这些数据。我们将在第七章中讨论更多有关伦理的内容。

28

■ ■ ■ ■ ■ **了解你的数据**

当我们读完本章时，请花点时间思考一下它提出的一些有关数据的问题。

- 你和你的同事接触数据的不同方式有哪些（例如，你是否使用智能传感系统通过热量和光来监控电力的使用情况）？这些系统可以提供哪些数据？

- 你在日常活动中经历了哪些数据和流程步骤（例如，在为学生安排涉及旅行和住宿的旅程时）？人工智能可以帮助你吗？

我们总是可以从数据中更多地了解我们面临的挑战。例如，你可以将学校的总体成绩与国家标准进行比较，突出显示优势领域和需要进一步调查的领域。可以进一步过滤这些数据，以查看特定学生群体的表现，例如来自不同社会经济背景的学生。我们也许可以分析一下，用于培训教学和支持人员的额外资金是否促进了学生的进步。所有这些都可以在没有人工智能的情况下完成，但想象一下，如果有人工智能来帮助我们完成其中一些任务，那么我们可以更快、更有效地完成这些任务。

从事人力资源或财务工作的学校工作人员也会接触大量数据，这些数据对于了解学校面临的挑战极其重要。因此，不仅教学人员，学校的所有工作人员都必须了解为什么数据对于机器学习人工智能如此重要，这一点非常重要。正如第一章所讨论的，数据是机器学习算法学习并决定采取什么行动的经验。

■■■■■ 为第三章做好准备

最后，在我们进入第三章前，请考虑你经常接触的数据类型和很少遇到的数据类型。图 2.1 中的问题可能有助于激发你的思考。也许，你也应该开始考虑你可以收集那些有用但现在并未开始收集的数据。你能更有效地连接你已有的或你将来能够访问的不同数据吗？这将帮助你更深入地了解你的挑战。例如，学校面临着收集显示学生随时间进步的数据的巨大压力。总的来说，这些证据是通过日常工作、测验和测试以及最终的期末考试的持续评估来获得的。然而，我们从研究中得知，[7] 当计划的活动更具协作性、更积极、更具社交性和情境性，并且学生拥有更大的自主权和参与度时，就会发生更深入的学习。然而，学校很少收集关注学习的协作性、主动性和情境化性质的数据，甚至很少关注学习的一个小方面，例如教师谈话与学生谈话的平衡。可以采取许多有用的、小的第一步来收集额外的数据，就像这个老师和学生谈话的例子一样。

29

> **如果你在教育或培训行业工作：**
>
> 你有关于你计划的课程的哪些数据，以及这些课程的受欢迎程度如何？
>
> 你使用哪种技术？
>
> 你是否会查看学习分析反馈？
>
> 你如何将教学计划和执行的数据与评估数据联系起来？
>
> 你是否能从你的数据中获得更多信息？

图 2.1　问自己相关数据的问题

我们希望你会觉得第二章令人深思，并且你已经确定了作为教师或校长所面临的一些挑战。第三章将继续推进人工智能就绪框架，并将进一步考虑已识别的挑战与需要整理或收集的数据之间的关系，以便从数据角度更好地理解该挑战。

■■■■　**参考资源**

- Solved! Making the case for collaborative problem-solving. Rose Luckin, Ed Baines, Mutlu Cukurova, and Wayne Holmes, with Michael Mann: https://media. nesta. org. uk/documents/solved-making-case-collaborative-problem-solving. pdf.
- Three questions with Turing Lecturer Rose Luckin: https://www. turing. ac. uk/blog/three-questions-turing-lecturer-rose-luckin.

■■■■　**注释**

1. A level 的及格成绩从最高到最低为 A*、A、B、C、D 和 E。未达到 E 级所需最低标准的人收到无等级 U（未分类）。

2. 你面临的一些挑战比其他挑战更适合人工智能。随着你阅读本书的深入，你将能够更好地决定哪些类型的挑战可以使用人工智能技术和工具来解决。

3. 在考虑挑战时，考虑性价比始终很重要。在大多数学校中，可用于包括人工智能在内的任何技术的资金数额并不多，这使得将资金花在正确的人工智能资源上变得更加重要。

4. 请务必记住，你选择的任何挑战都可能涉及多个任务，每个任务都有多个步骤。人工智能在哪些方面比人类智能更有帮助，或者反之亦然，这一点可能被深深地埋藏在这些多项任务的子步骤中。因此，如果你还无法决定哪种智能最适合你面临的挑战的任何方面，请不要担心。

5. 自我效能感是人类智力的关键要素之一，这本书对此进行了解释：https://www. ucl-ioe-press. com/books/education-and-technology/machine-learning-and-human-intelligence/。还有几个视频也解释了这个概念，参见：https://www. youtube. com/watch? v＝P33FR-jWh4E。　31

6. 正如我们前面介绍的一些示例一样，我们描述的当前流程不涉及人工智能，但它很可能受益于人工智能，而且需要提出同样的伦理问题。正如我们将在第七章中看到的那样，我们需要更多地讨论教育和人工智能的伦理问题。

7. https://media.nesta.org.uk/documents/solved-making-case-collaborative-problem-solving.pdf。

AI for School Teachers

第三章

数据，无处不在的数据

本章的重点是数据——它是什么以及怎样发现它的价值。在教育和培训中，有许多众所周知和能够利用的数据来源。还有很多数据源不太为人所知，以及许多类型的数据根本没有被收集，但这些数据可能非常有用，尤其是对于人工智能的运行来说。人们在教育中收集数据存在一种可以理解的谨慎态度：担心那些本不应该访问所收集数据的人会看到这些数据，或者有人会滥用数据。因此，我们在考虑数据收集和整理时，将伦理放在首位是极为重要的。

读完本章后，你应该能够识别与自己的工作和生活相关的数据源，特别是那些对于你在第二章中所确定的挑战至关重要的数据源。此外，你还将理解一系列数据源之间的差异。我们将引入和阐述多模态数据（Multimodal Data），讨论其价值及其伴随而来的优势与劣势，并说明在其收集、使用和应用过程中所面临的挑战。本章能够帮助你识别与自身面临的挑战相关联的数据。我们将向你揭示一系列事件的重要性，包括了解数据存储位置、数据存储方式、数据结构、谁负责数据、如何访问数据以及为什么数据对你面临的挑战如此重要。

■ ■ ■ ■ 为什么如此多地谈论数据？

　　正如第二章所述，使用机器学习方法的现代人工智能需要数据才能学习。我们希望你了解人工智能是什么以及它是如何工作的，而不是"深究"技术细节。因此，我们将逐步、逐章地向你展示，人工智能是如何处理你能获取的那些类型的数据的。通过这种方式，我们希望向你表明，你可以从人工智能中了解到你可能正在面临的教育挑战。同时，我们希望你对人工智能有更丰富的了解，以便你以后能够更好地选择购买最合适的人工智能产品。也许你可以把我们在本书中的做法看作是鼓励你"深入了解"机器学习的算法，仿佛你正在参与设计、创建和应用机器学习系统的过程，这样你就能理解机器学习究竟是怎么回事了。

　　这很不错，你觉得呢？

■ ■ ■ ■ 数据到底是什么？

　　数据无处不在。从我们在报纸和杂志上读到的信息（无论是纸质形式还是在线形式），到每个雇主保存的员工工作记录；从我们提交给电力或天然气供应商的仪表读数（以便他们计算应该收取的费用），再到我们的学生在课程各项测试中取得的分数，所有这些都是数据。

■ ■ ■ ■ ■ **教育中的数据**

教育中的数据可能包括但不限于物理学习环境、虚拟学习环境、课程、教学法、资源使用等方面。另外，这些因素之间存在的联系是一种数据形式，同理，这些因素与学习者之间存在的联系也是一种数据形式。绝大多数人并没有看见教育中的大量数据。例如，你所在学校的教职工和学生可以通过图书馆的电脑搜索并确定一本图书的位置信息。这其中有多少人使用过电脑？什么时候使用的？使用了多长时间？再举一个例子，也许你在过去几年中购买了一系列软件包。每个软件包有多少教职工和学生使用过？什么时候使用的？使用了多长时间？这其中有能够帮助你收集有关软件使用情况、软件功能效用数据的软件包吗？能够识别和确定潜在的和实际的数据源，是做好人工智能准备工作的重要部分。

■ ■ ■ ■ ■ **回到机器学习人工智能**

我们现在知道，机器学习人工智能依赖于数据。除了机器学习人工智能的出现，数据在过去十年中变得如此重要还有另一个原因。简单来说，现在有很多新的数据收集方式。例如，数据可以通过许多人在手腕上佩戴的健身设备收集；数据可以由面部和语音识别系统收集，这些系统用于识别人员身份并保存他们需要记住的密码；数据还可以通过大城市不断完善的监控系统持续收集，这些监控包括可以扫描门前街道以及门口人员的可视门铃。

数据处理的方式多种多样。我们通过调查数据找出问题的答案，寻求趋势和模式。例如，所有的学生是否都取得了我们预期的成绩？作为一名教师，我们可以利用数据为自己的决策提供依据。例如，如果我想找一些拓展资源来教学生有关种子分销的知识，我可能会在众多在线资源库中查找部分资源，并仔细阅读同行对这些资源的评价。然后，我就可以利用这些评价数据来决定我向学生推荐的资源。

■■■■ 连接挑战与数据来源

36

在第二章中，我们讨论了在人工智能就绪过程中将挑战确定为关注焦点的重要性。你们中的许多人可能正在思考这样一个挑战，即当一些学生在学校面对面学习，一些学生则在家使用技术学习，而且这些情况随时间不断变化时，你如何能够保持教学和学习的质量。因此，我们可以提出这样一个问题：数据能告诉我们什么，以帮助我们了解是否确保了以及如何确保班级、年级和学校的教学质量？

每个挑战都可以分解为两个问题，以帮助我们确定所需的数据：

1. 之前的研究针对该挑战提供了哪些数据——我可以从这项研究中了解我应该收集的数据类型吗？

2. 我可以获得哪些与该挑战相关的数据？

教师、培训师和学术研究人员都有兴趣了解和改进他们所采用的教学与学习过程，通常也都热衷于提高所教学生的学习成绩。

因此，有大量的研究论文表明，教学和学习成果是一系列因素相互作用的结果，这些因素包括：

- 学习者的先验知识
- 学习者的情绪
- 学习者的动机
- 学习者和教育者互动的背景因素[1]

与挑战相关的数据类型案例

接下来看一个更具体的例子。无论是在线教学还是面对面教学，其中一种可能的教学方式是协作问题解决（Collaborative Problem-Solving）。已经有大量关于协作问题解决的研究文献供我们借鉴。[2] 现在，我们希望确定潜在的数据源，以帮助我们利用机器学习来了解一群学生是在有效合作，还是需要教师的帮助。

一些具有代表性的研究发现包括：

同步性：通过眼动仪测量的学生的视觉同步性与学生的学习呈正相关。[3]

个人责任：小组目标和个人责任是成功团队的两个关键特征。[4]

平等：双向对话、相互引导与有效的协作问题解决呈正相关。[5]

个体内差异性：可以表明基于学生的理解能力在小组成员之间建立了共同的基础。[6]

我们可以从这项研究中学到什么，从而帮助我们识别潜在的数据源？与每个学生目光注视方向的同步性相关的第一项研究表明，眼动追踪技术可能是收集数据的有用工具。这些设备曾经非常昂贵，但现在相对便宜。眼动跟踪技术可通过非侵入式方式自动获取数据，然后将数据传递给机器学习算法，该算法会对数据进行处理，从而确定一组学生彼此对视或凝视同一事物的时刻和频率——希望在此过程中他们是在解决问题！换句话说，学生的目光注视显示出同步性。人们以前可能不会考虑这种数据类型，然而这种数据类型可能非常有用。

■■■■ 在哪里寻找数据

从上述案例能够看出，在识别数据类型时，研究结果可以为我们指明正确的方向，帮助我们更好地理解教育挑战，这是我们在人工智能就绪过程中关注的焦点。眼动追踪案例还表明，数据源可能不会立即显而易见，因此当在你寻找数据源时，应尽可能广泛地思考。例如，也许你可以从下面这些数据源中获取数据：

- 表现师生交流平等关系的数据
- 用于测定师生所需最优环境条件的气温监测记录
- 同行评审
- 通过评估其他学校流程和模式以调整自身技术和方法的基本数据
- 教职工招聘和留任的数据，包括周边地区通往主要城市的路线、当地住房成本等
- 面向师生和家长的调查问卷
- 第三方发布的报告，例如英国教育标准局报告、英国地方教育局报告

- 行为日志

- 与学生的能力和需求对应的教具的使用和类型

- 出勤情况

- 行动数据，例如学生操作键盘或鼠标的动作，或体育课上的立定跳远（以便进行评估和发展）

- 绩效评估

- 社交媒体/报纸评论

- 管理者/受托人的反思、反馈和报告

- 应急演习和模拟

有许多不同种类的数据可以收集。当回答"我们应该收集和使用哪些数据源？"这个问题时，确定最佳的关注点似乎是一个巨大的挑战。

当收集潜在数据时，一个有用的方法是问问自己手头上已经掌握了哪些数据：

- 你的单位中有哪些人员？包括所有不同级别的教职工、外包工作人员和行政人员。

- 什么是物理或虚拟环境？办公室、培训场所、实验室、运动空间、餐饮空间、生活空间是什么样的？

- 你正在使用哪些资源？例如书籍、技术、设备和资金。

一旦你问了自己这些问题并确定了一些可用的数据源，那么重要的是查看这些不同数据源之间是否存在任何联系，以及是否还有关于这些联系的数据。

回到保持教学和学习过程质量的例子，有助于我们了解学生的基

39

础知识或他们的情绪和动机的数据可能是有用的、可用的或易于收集的。此外，还可能有关于教学互动发生的环境性质的信息。是否太热、太吵或太冷？教室里的照明是满足了学生的视觉需要，还是妨碍了他们的学习？[7]

引起学校领导和各级教职工注意并反复出现的问题之一是男孩和女孩在数学等特定学科领域的性别差异。在这些情况下，人们的脑海中会浮现出很多问题和潜在的数据源。

你需要了解什么？

普遍情况

－　数学方面的性别差异是否总是存在，还是只在特定情况下出现，例如总结性评估？

－　该学科在不同团队、部门和全校的学科领导力如何？

教职工

－　教师对学生的看法是否会影响学生的学习成果？

－　男女学生与教师的交流如何平衡，效果如何？男女学生是否都有足够的时间来反思、组织和回答所提出的问题？

－　隐性课程是否会影响不同性别学生在该领域的学习行为，即社交线索、面部表情、肢体语言、音高语调、个人空间和界限？

学生

－　与学习结果相比，学生的学习准备度（心态/信心水平）如何？

父母

－ 父母对某一学科的看法是否会影响孩子的学习方式？例如：
"我不擅长数学，我的孩子也随我。"

环境

－ 学生学习数学的环境是否具有积极/消极影响？例如，是否规
定班级学生人数或男女比例？

资源

－ 资源是否合适和多样化并能满足学生的需求？

41

数据源

－ 各学校、年级、班级儿童的评估和测试数据

－ 不同性别特殊教育需求的均衡

－ 学科带头人和班主任在学科专业知识方面的绩效评估

－ 学生会议

－ 比较实验组与对照组的数据分析

－ 附有家长反馈的学校报告

－ 家长会议记录

－ 教学与学习的观察和监控审查记录

－ 师生谈话分析

－ 支持视频的专业学习平台

－ 考勤数据对比

－ 行动研究报告

■ ■ ■ ■ ■ **多模态数据**

什么是多模态数据？

到目前为止，我们收集了人类不同交流模式中的数据案例，包括眼动追踪、音频录制、手势识别和跟踪，以及鼠标移动日志。这种考虑了人类所有感官的各种数据源称为多模态数据。模态是信息的渠道，例如音频、视觉材料、语音或动作，在应用人工智能时，它们已成为越来越有价值的数据点。

让我们花点时间来进一步探索多模态数据：它是什么，它可以如何使用，它的相对优点和缺点是什么。

多模态数据如何与教育挑战关联？

42

对于任何挑战，"多模态"一词下可汇集的所有数据必须在语义上具有某种联系。例如，一种数据可能与另一种数据互补。也就是说，通过多种模态的方式获取数据，有助于识别仅利用单一模态数据无法识别的模式：语音数据提供了有关一个人情绪不断变化的高价值附加信息，这些信息仅靠面部表情数据是无法获得的。不同数据源之间可以相互补充。然而，重点是要认识到，当试图理解像学习行为这样复杂的事情时，我们所能观察到的行为只是所有行为中的一部分。

例如，学生可能没有在做他们应该完成的作业。相反，他们看起来心不在焉，就像是在做白日梦。这个信息固然有用，但倘若没有其他补充信息，我们就无法对这个学生的行为作出很好的推断。比如这个学生在考虑下一步该做什么时，习惯于将目光从作业上转向别处。

可观察的现象和假设数据空间

我们可以将所有能够收集到的人类可观察行为数据视为输入空间，用于分析理解认知、动机、信念和情感等高阶过程。

还有一个第二空间，可以称为假设空间。这个空间利用所谓的学习标签连接数据源和学习特征。例如，为了确保学校的教学质量，尤其是与协作问题解决相关的教学活动质量，我们在学生合作搭建一个能够抵御本地松鼠袭击的喂鸟台时，可能会收集学生视线和手部动作的数据。由此，我们可以得到学生目光注视方向的数据，也可以得到他们手部动作的数据。这些数据是我们必须使用的可观察证据，是输入空间的一部分。

但是，目光注视和手部动作的数据如何与协作问题解决这一复杂过程相联系？输入空间又是如何向我们传递关于协作问题解决的有用信息呢？

正如前文所述，以往对协作问题解决的研究表明，学生注视对方或同一事物（例如他们活动的对象）是有效协作问题解决的可能标志。学生目光注视同步性与协作问题解决之间的这种关系可以看作是相关性，学生手部动作同步性与他们有效协作问题解决能力之间的关系也

43

可以看作是相关性。可观察的数据可以与我们希望识别的学习标签相联系。在这个例子中，协作问题解决用于构建一个假设空间，将可观察到的证据与我们希望观察到的学习联系起来。

通过多种数据源连接不同的点

当然，仅仅识别手部动作和目光注视本身并不足以得出结论说明某个特定的学生群体是否开展了有效协作。然而，有充分的证据支持这样一个假设：这些可观察到的数据可以成为学生协作的可靠指标，有助于指标的收集。将这些指标结合起来，能够得出关于学生群体协作问题解决更为准确的信息。

北卡罗来纳州立大学的 Java 辅导程序是说明了多模态数据在分析和了解学生学习方面的有用性的另一个实例。[8]

开发 Java 辅导程序产生了一个极其庞大的数据集，其中包括学生使用计算机共同解决问题时记录的日志文件数据，还有学生的面部表情数据、身体姿势和手势数据，甚至还有皮肤电追踪数据。研究人员可以对上述所有数据进行整理和分析，以了解有关学习成效和收获、学生情绪、动机和参与度的衡量标准。北卡罗来纳州立大学的研究小组发现，学生对自己能力的信念可能会对最适合他们需求的适应性支持类型产生影响。例如，对于高效率的学生来说，给予他们更多的掌控权以及社会对话可能会更有效，而低效率的学生则更可能从提供的指导性实验方法中获益。[9]

44

多模态数据源的优点和缺点

本章讨论的例子说明了多模态数据带来的一些优势。首先，多模态数据对认识教育组织的社会现实大有裨益，因为教育组织涉及技能、能力和知识相结合的复杂过程。换句话说，这一过程包含了多个维度。其次，多模态数据可以用来认识到，涉及教与学的结构会随着时间的推移产生变化，而非静态的过程。换句话说，它们是与时间相关的。最后，学生的学习发生在具体的情境中，[10] 并不一定局限于特定的物理空间或数字空间。学生可以在家里学习，也可以在学校里学习，还可以在两者之间的地方学习。此外，学习是情境化的。因此，举例来说，单一数据源如果仅关注学习者和特定教师之间的交互，而不考虑外界环境和环境中的其他人，就不足以反映学习情境的复杂性。多种多模态数据源有助于提供有关学习环境的宝贵信息。

■■■■■ 平衡多个数据因素

在本章接近尾声时，重要的是，认识到整理已确定的不同数据源是一项平衡工作。我们需要平衡数据质量和数量等因素，以及可获取的数据源能在多大程度上真正解决我们关注的挑战。

为了获取最准确和最有针对性的数据，我们可能需要采取侵入式的数据收集手段。例如，我们决定关注的挑战是在有行为问题的班级中探究神经多样性对学生的影响。那么，收集最为精确的数据源的方

45

式可能是让所有学生佩戴能够监测神经功能的特殊电极帽。在一段时间之内，具有特殊需求（比如阅读障碍、计算困难或多动症等）的学生也许会被发现。这种数据收集的方式可能非常有用。然而，收集这些数据的过程会对相关学生造成极大的干扰。

因此，我们还需要考虑其他侵入性较低的数据源，这些数据源可以帮助我们理解为什么某个班级比其他班级有着更多的行为问题。例如，不需要以这种侵入性方式收集的数据源可能包括多模态数据。多模态数据有助于提供关于每个学生背景的宝贵信息，并确保我们不会过度依靠单一数据源。依赖单一数据源是有风险的，因为它可能不如我们最初想象的那么可信。例如，收集学生神经行为数据的特殊电极帽校准可能会出现错误。因此，使用这些电极帽不但会对学生造成干扰，而且收集的数据也是无效的。

46 最后，重要的是要确保我们在选择数据源时避免陷入"路灯效应"的危险。这种效应源于一个形象的比喻：一个喝醉酒的人在路灯下寻找他丢失了的车钥匙。他之所以这样做，是因为相较于光线较暗的地方，在路灯下更容易看清东西，尽管他最后找到钥匙时，是在光线较暗的地方。

■■■■■ 从发现已有数据转向收集新数据

选择最容易获取的数据源并不总是最好的主意。很多时候，我们值得历经一番周折，以获取与我们面临挑战直接相关的数据源。我们希望本章已经阐明了你可以使用的不同类型的数据，并且可以帮助你更深入地了解你所面临的挑战。你现在已经完成了人工智能就绪计划中的第三步，非常棒！当进入第四章时，请记住你已经开始思考的数据源，我们将在下一章讨论如何收集更多数据，来补充你已经识别和获取的数据。

▪▪▪▪▫ 注释

1. 例如可以参考：Dumas, D. G., McNeish, D., & Greene, J. A. （2020）. Dynamic measurement: A theoretical-psychometric paradigm for mod-ern educational psychology. Educational Psychologist. Available here: https://www.researchgate.net/proflie/Denis-Dumas-3/publication/339849196 _ Dynamic _ Measurement _ A _ Theoretical-Psychometric _ Paradigm _ for _ Modern _ Educational _ Psychology/links/5e69117592851c2408926532/Dynamic-Measurement-A-Theoretical-Psychometric-Paradigm-for-Modern-Educational-Psychology. pdf。

2. 有大量关于协作问题解决的文献，这份报告包含许多与之相关的有用链接：https://media.nesta.org.uk/documents/solved-making-case-col-laborative-problem-solving. pdf。

3. Schneider, B., & Pea, R. (2013). Real-time mutual gaze perception enhances collaborative learning and collaboration quality. *International Journal of Comput-er-Supported Collaborative Learning*, 8, 375 – 397.

4. Slavin, R. E. (1991). Synthesis of research of cooperative learning. *Educational Leadership*, 48, 71 – 82.

5. Damon, W., & Phelps, E. (1989). Critical distinctions among three approaches to peer education. *International Journal of Educational Research*, 13, 9 – 19. AND Dillenbourg, P., Lemaignan, S., Sangin, M., Nova, N., & Moli-nari, G. (2016). The symmetry of partner modelling. *International Journal of Computer-Supported Collaborative Learning*, 11, 227 – 253.

6. Marlowe, H. A. (1986). Social intelligence: Evidence for multidimensionality and construct independence. *Journal of Educational Psychology*, 78, 52.

7. http://www.heppell.net/lighting/。

8. http://projects.intellimedia.ncsu.edu/javatutor/multimodal-data-analytics/。

9. Wiggins, J., Grafsgaard, J., Boyer, K. E., Wiebe, E., & Lester, J. (2017). Do you think you can? The influence of student self-effciacy on the effective-ness of tutorial dialogue for computer science. *International Journal of Artifciial Intelligence in Education*, 27 (1), 130 – 153.

10. Sharples, M., & Roschelle, J. (2010). Guest editorial, special section on mobile and ubiquitous technologies for learning. *IEEE Transactions on Learning Technologies*, 3 (1), 4 – 6.

AI for School Teachers

在第三章中，我们讨论了学校或学院内可能存在的数据源类型以 49
及如何识别它们。我们还解释了多模态数据的属性及其优缺点，以及
选择数据时需要平衡的必要性。正如我们将在第五章中所做的那样，
讨论数据并在该数据上使用机器学习的目的是了解你所选择的挑战
（第二章），这样，你将更深入地了解人工智能的工作原理，它能做什
么，不能做什么。使用人工智能来理解特定的挑战，是了解如何最好
地利用人工智能来应对挑战的第一步。

继第三章关于教育环境中可能已经存在的不同类型数据的讨论之
后，本章的重点是识别和收集新数据。我们正在讨论的数据与你识别
出的挑战密切相关，你希望通过使用人工智能来解决该挑战。

本章的重点是关注可以收集以增强现有数据的新数据。我们将研
究一些可能可用的数据收集方法以及每种方法的实用性。我们将阐述
如何收集数据，并为学校领导和教师提供更多的资源链接。

■■■■■ 收集教育数据

我们之前提到过，许多组织面临的挑战之一是，当一些学生在学 50
校面对面学习、一些学生在家使用技术学习，并且情况还会随着时间

而变化时，如何确保教与学的质量。不管发生什么变革，都要保证教学标准维持在高标准水平上，这对所有教师来说都是一项根本挑战。

在本书中，我们已经在第三章非常仔细地思考了提出这个问题的含义：我需要什么数据？我们知道，我们可以向他人学习，并且我们需要思考与我们所选择的挑战相关的内容。一旦我们确定了其他相关的文献并识别了相关数据源，下一步就是将所有这些数据和信息综合在一起。别忘了，这不仅仅是你自己或组织中其他人可能收集的数据，还有一些可能与你相关的公开数据源，它们可以帮助你了解特定的挑战。[1]

■■■■■ 保持开放的心态

如果我们要确保尽可能多地识别出相关数据，那么我们试图理解的许多围绕复杂教育挑战的行动和行为，都需要广泛而富有想象力的思考。如果我们想要了解挑战的重要特征和特点，我们就需要这些数据。因此，请确保你考虑到了可能需要收集哪些与你希望了解的挑战中涉及的人员、物理环境、虚拟环境以及人们使用的资源类型可能相关的信息。同样要考虑，是否可能收集到你已经识别的不同数据源之间的联系，或者这些数据源与你挑战的核心人物——例如，教师和学习者——之间的联系的数据。还要确保被识别为潜在可收集的数据是可信的。

我们应该收集哪些数据？

回到探讨如何最好地理解和应对在发生教学中断时保持教学质量 51
和连续性这一挑战的例子。首先，有几个初步的关键问题需要解决。
例如：谁将负责收集数据？也许他将是一门课程或一个模块的负责人，
或班主任、系主任，或教学政策负责人。其次，我们需要指定何时收
集数据：今天、下周、下个月、明年，等等。此外，我们需要确定数
据收集将在什么时间段内进行。

在探讨教学质量时，可能会在合理的情况下尽快收集数据，并且
应在相对较长的时间段内收集——超过一天，也可能超过一周。当人
们竭尽全力让教学步入正轨时，这一决定可能取决于许多因素，包括
现有数据源的质量和范围，以及收集新数据的实用性。我们还需要确
切地知道数据将如何收集、数据将采用什么格式以及将存储在哪里。
当然，我们必须时刻注意数据收集的伦理影响。例如，我们需要获得
我们想要收集其数据的人的许可。

数据收集的实用性，例如是否有人员来开展这项活动，将限制可
能发生的事情，因此我们需要非常清楚地了解我们所选择的挑战的确
切内容。在探讨教学质量的示例中，我们可以合理地假设可以访问的
现有数据源包括以下内容：

1. 所有学生和教师的身份，以及他们参与的课程和活动

2. 完成的任何评估的结果评分

3. 每位教师和学生在学校与家里可以使用的技术类型和平均带宽 52

速度

4. 每天的作息表

5. 所有在线会话以及任何聊天的视频和音频记录

我们一旦明确指定了已经可以访问的数据，就可以更直接地确定还需要什么。例如，数据源1—4将无法解释任何有关教学和学习过程的信息。数据源5将能够提供与教学过程相关的数据，但它可能无法提供太多有关参与其中的不同人员对其经历的感受的信息。因此，我们可以得出结论，有必要收集一种有用的附加数据，这些数据能够提供有关教师与学习者在教学与学习过程中所经历的信息的数据。

■■■■ 我们如何收集数据？

调查

调查是了解人们对教学和/或学习体验的感受的一种有用方法，我们还可以了解他们认为自己学到了什么，他们认为系统运作得如何，他们认为自己的经历在一致性和连贯性方面表现得如何，以及他们对服务质量的评价如何。

调查可以被描述为"通过向一系列个体提出相同的问题来收集与他们的特征、属性、生活方式或观点相关的信息"。[2]

使用调查来收集数据有很多优点。例如，你可以从大量人员中收集数据，这使得此活动具有成本效益。如果问题和整个调查设计得当，

那么结果应该是可靠和可信的。如果调查中包含开放式问题，则可以
收集详细信息，如果调查是线上的，那么我们邀请完成调查的人可以
是匿名的。例如，可以邀请教师和学习者，或者如果孩子年幼，也可
以请他们的家长来完成调查，以探讨他们对教学性质和质量的看法与
意见。

调查类型

重要的是要记住，设计和实施调查是一项专业性的活动。因此要
收集准确的数据，需要特别谨慎。一个需要解决的问题是，哪种类型
的调查最适合所要解决的挑战。调查可以是解释性的，这意味着调查
试图解释特定的现象、活动或事件，例如，解释人们为什么以特定的
方式行事。

调查也可以是描述性的，这意味着它旨在引导人们提供描述。例
如，描述一个特定人群的行为方式。

调查可能需要提供有关随时间变化的信息，在这种情况下，它被
称为趋势调查。此类调查需要循环进行多次，才能够提供有关随时间
变化的有用且可靠的信息。例如，当我们试图了解一段时间内教学提
供的质量和连续性时，我们可能会认为在学校停课期间，每月对家长
进行一次调查是一个好主意。或者，快照法（Snapshot Approach）可
能就足够了；这称为小组调查，例如，可能包括询问家长对封锁期结
束时的教学的看法。当然，前提是这种方法能够提供所需的信息。除
了单个或多个调查会话之外，调查本身还可以设计为让参与的人自己

53

回答问题。或者，调查可能是所谓的指导式调查，在这种情况下，经过培训的人员将带领每位参与者回答调查问题，并在此过程中回答任何澄清问题。

调查问题的类型

54　　正如你所看到的，调查类型和收集方法多种多样。还可以要求回答调查的人提供一系列问题类型和回答类型，如图 4.1 所示。

调查问题的类型	主要特征
事实性问题	收集系统的人口统计信息（可用于对答复进行分类/筛选）。
知识性问题	评估受访者对特定主题的了解以及他们对正在评估的干预措施的认识。
态度性问题	力求衡量受访者的观点、信念、价值观和感受，这些无法通过观察或外部数据源轻易验证。
行为性问题	了解人们做了什么（或打算做什么），以及干预措施可能会如何改变这种情况。
偏好性问题	与不同的可能选择和结果相关，包括竞争机会或行动之间的权衡。

图 4.1　调查问题的类型

调查回答的类型

关于接受调查的人可以提供的回答类型，可以要求受访者从一组选项中进行选择或对一组选项进行排序。这些是封闭式回答的示例，或者可以要求人们通过在空白框中输入文本来表达他们对某事的看法，这代表开放式回答。

正如我们希望越来越清楚的那样，我们必须对不同类型的问题进行大量的思考，这些问题将使我们最有可能获得真正有助于我们理解我们所面临的挑战的信息，并对我们已经获得的数据进行补充。同样，选择最合适的调查类型也很重要。重要的是要记住，有些人一生都在设计和实施调查，并且拥有令人惊叹的丰富的专业知识。这意味着我们对人们在进行调查时经常犯的错误有了很好的了解，我们可以从中学习。

55

调查中的常见错误

对于刚开始设计调查的人来说，最常犯的错误可能是设计了一些措辞不当的问题。例如，问题可能过于复杂并且使用不熟悉的语言和术语。这些问题也可能含糊不清。因此，问题要简单明了。避免双重否定和双重问题。这意味着最好问：

你认为在线教学可以和面对面教学一样有效吗？

而不是问：

> ·　你不认为在线教学比面对面教学的效果更差吗？

同样，最好问：

> 你是否觉得在线教学疏远了学生之间的距离？

和：

> 你认为在未来面对面教学能够重新开展后，在线教学是否会导致社交互动变差？

而不是问：

> 你是否觉得在线教学因为学生们无法见面而导致他们彼此疏远，并且这种情况很可能导致在未来面对面教学能够重新开展时社交互动会变得更差？

56　　另一个容易犯的错误是提出带有偏见、诱导性或倾向性的问题。这可能是因为问题本身采用了"听起来很对"的陈述方式，或是让人很难反驳的陈述形式。还可以通过措辞的方式，让回答者倾向于以某种特定的方式回答问题。

此类错误的例子包括询问：

> 每个人都记得他们在学校里最喜欢的老师，而在线学习永远
> 无法创造出基于面对面接触的重要时期所建立的那些记忆。

同意/不同意

或者询问：

> 大学生已经长大了，可以自己决定是留在校园还是回家。

同意/不同意

或者询问：

> 关心教育的人支持男女同校而不是单一性别学校。你更愿意
> 为你的孩子选择哪种类型的学校？

单性别/男女同校

最后，重要的是避免提出对受访者来说有问题的问题。例如，冒犯性的问题显然是不合适的。要求人们从记忆中回忆信息，或假设他们知道一些他们可能不知道的事情的问题，也是有问题的，特别是如

果这些假设是不必要的。例如：

> 请说明在学期的第 1 周、第 3 周和第 6 周有多少学生参加了你的讲座。
>
> 请逐项列出儿童必须学习哪些知识才能证明他们能够用英语写出符合语法的句子。
>
> 对于像你这样不喜欢使用技术的老师来说，你对使用在线教学技术有多大信心？

57

5＝非常有信心，0＝完全没有信心

  一旦你知道这些错误的存在，这些错误就很容易避免。也许更棘手的是设计问题来帮助你详细了解你的挑战，这对于作出如何应对该挑战的决策很有用。做好这件事的能力则来源于实践，但也可以通过团队合作得到帮助。因此，最好与同事一起设计问题，并在未参与设计的其他同事身上进行测试。

谁来回答这项调查？

  在确定你要邀请回答调查的人群（称为样本）时，务必小心不要创建有偏见的样本，这一点至关重要。例如，我们不希望只邀请一组教育工作者或一组在过去两个月中只经历过一种特定的在线学习方式的学生来完成有关他们所参与的不同教学模式的调查。

■■■■■ 关于机器学习和数据偏差的说明

我们现在正在讨论的是偏差问题，值得注意的是，偏差是使用机器学习时的一个重要问题，特别是机器学习算法为了学习而处理的数据集的偏差，即训练数据。例如，人们使用机器学习软件来协助大型学校集团招聘员工。该算法是基于过去五年内成功加入员工行列的申请者提交的工作申请的数据进行训练的。现有员工性别失衡，女性员工数量是男性员工的两倍。因此，除非调整用于训练机器学习算法的数据，使男性申请人和女性申请人的数据一样多，否则机器学习很可能会偏向女性申请人。

58

■■■■■ 通过访谈收集数据

另一种经常与调查结合使用的数据收集方法是访谈。与调查相比，访谈有助于向小群体受访者提出更详细的问题。抽样仍然很重要，因为你需要确保接受采访的人能够代表你所关注的人群。就像调查可以包括封闭式和开放式问题一样，访谈也可以。然而，访谈更像是一场对话，在大多数情况下，更合适于开放式问题。

访谈类型

访谈可以面对面、在线，甚至通过邮件或电子邮件的方式进行。

无论你使用哪种方法，制订一个备用计划总是明智的，特别是当你进行在线访谈时。互联网连接可能不可靠或不稳定，然后你的访谈就会失败。

录制和转录访谈

建议录制访谈，因为很难在不失去与受访者融洽关系的情况下做笔记，而且你不会记住所有的答案。可以使用音频或视频录制，但请务必提前测试你的技术设备。如果使用电池，请确保随身携带备用电池。在开始访谈时不要忘记打开设备并在结束时将其关闭。最后，也是最重要的一点，在结束访谈之前，你必须征得受访者对访谈的同意，如果你录制了访谈，则必须将该录音存储在安全位置并进行备份，该备份也存储在安全位置。

录制访谈后，你可能希望将其转录或使用软件为你完成转录。例如 Otter. ai 是一款在线应用程序，它使用人工智能来转录人们说话时的音频。它不是 100% 可靠的，但只要在录制时有良好的网络连接，经过一些编辑后，它通常就足够好了。在转录或编辑转录时，你必须提前决定要录制的重要内容。例如，你只关心受访者所说的内容，还是也对他们的停顿、沉默、笑声、呼吸或他们行为的其他特征感兴趣？你应根据你正在探索的挑战的性质来决定转录内容。但请记住，转录可能是一项非常耗时的活动，虽然结果必须符合目的，但可能不需要绝对包含所有细节。

■ ■ ■ ■ ■ 收集多模态数据

当然，收集数据的方式有很多种，在这里详细介绍所有方式既不可能也不合适。我们的目的是提供一些可能有用且与教育环境相关的示例，以便你可以尝试我们讨论的一些活动。然而，第三章中确实谈到了很多关于多模态数据的内容，因此我们认为提供一个示例来说明如何在学校环境中收集此类数据会有帮助。

使用视频平台收集多模态课堂数据

收集多模态数据最简单、最有效的方法之一是通过支持视频的平台，例如虹膜连接技术（Iris Connect Technology）[3]。这种技术允许教师录制课堂和在线课程。这些录像随后会上传到每位教师的安全私人账户，该账户托管在虹膜连接的符合 GDPR 标准的平台上。然后，教师在有更合适的时间时，就可以私下回顾和反思这些课程，或者，如果他们愿意，也可以分享这些课程，但控制权和权限在教师个人手中。此外，一系列直观的工具允许教师收集和分析数据，以获得更深入的见解，并编辑部分内容作为良好实践的示例。

当我们能够观察教师与学生的教学与学习行为时，年轻人群的学习成果之间的联系就会变得更加明显。这些观察结果对于孩子个体而言意义重大，特别是对于那些可能与大多数孩子反应不同的、有额外学习需求的孩子，或者对于那些数据显示他们在学习中停滞不前的

60

孩子。

这类数据传统上是通过课堂观察、教学巡视或学生座谈会等与硬（即量化的）数据相对应的方式收集的。然而，这种方式收集的数据是有限的。一旦有更多观察者进入教室，正常的课堂动态就会发生变化。教师会感到有压力，必须去执行或遵守既定规范，而学生则经常在高层领导面前限制自己的行为。因此，在事件发生后，当教师试图重新参与过程时，关键时刻以及重要的数据点就会丢失。

通过支持视频的平台，教师可以将注意力集中在教学和课程设计的关键方面，例如：

- 分析和反思他们用来组织学习和消除误解的语言
- 他们为个别学生提供的脚手架的数量和类型
- 学生与老师交谈的数量
- 课程的组织特征及其资源

教师还可以通过以下方式查看学生的反馈和反应：

- 回应和误解
- 面部表情
- 身体语言
- 语音和语调
- 组织能力
- 同伴协作
- 自我监管

在这种数据收集和分析的背景下，教师可以回顾和反思课堂因素在多大程度上支持或阻碍了学习进度。以这种方式收集多模态数据可以带来更真实的数据主导的讨论。

■■■■■ 示例：探讨性别差异

回到第三章，我们提供的一个例子是男孩和女孩或男女学生之间成绩的性别差异。正如我们所指出的，这是一个反复出现的问题，引起了学校领导和各级工作人员的关注。性别差异可能与数学等特定学科领域有关。我们将以此为例来识别可能已经存在并且需要收集的数据。在整个示例中，我们通过人工智能就绪培训计划中的步骤确定了迄今为止在本书中讨论的活动。

例如，想象一下，我们决定关注的性别差异挑战的问题或具体事实是：识别和探索英国小学第 2 关键阶段数学学习中的性别差异特征。

■■■■■ 人工智能就绪过程第 2 步中选择的挑战

英国小学第 2 关键阶段数学学习中的性别差异。　　　　　62

特别是，这种差异有什么特点——换句话说，在现阶段，我们希望探索这种差异，看看我们能发现什么。

■■■■■ 第 3 步——存在并且可以访问的数据

该年龄段学生的课程以及学生过去五年的成绩的数据——存储在云端和视频平台服务器上：

- 教育成果，包括标准化测试、认知测试和课程测试（例如学校评估或国家测试或考试）

- 男孩和女孩之间的特殊教育需求数据和第二语言数据的比较

- 男孩和女孩人校以来的出勤率和退学率数据（关注教学和学习方面的差异）

- 通过观察、持续专业发展（CPD）需求、360度同行评审、教案和教科书审核来证明教学质量，包括适当水平的挑战（一系列策略，而不是孩子们经常执行的程序性任务）、学生分组和协作

- 通过书本检查、观察、学生会议、视频来体现的有效反馈

- 关于教师对其学习者成果的看法记录——存储在学校服务器上

- 存储在学校服务器上的有关设置/不设置、班级学生人数、男女生比例的数据

- 关于学生学习准备情况的报告——与结果相比的心态/信心水平——通过调查收集并存储在学校服务器上

63

- 家长对数学及其自身在这个学科上能力的看法——通过调查收集并存储在学校服务器上

- 还可以访问行为日志、作业记录、阅读年龄记录

- 为满足学生的需求而使用的资源及其质量/差异化程度

■■■■ 第 4 步——收集的数据

通过课堂视频捕捉系统收集并存储在视频系统平台上的学习行为数据，例如社交线索、面部或肢体语言、音调和语气、不良组织能力、

个人空间和界限，以便用于支持：

　　— 教师谈话量与学生谈话量的比较

　　— 参与学习活动，并花时间内化活动和应用策略

　　— 教师的授课方式，包括使用的语言、对误解和脚手架的回应，以及用于帮助学生分析不同策略的示例

　　— 同伴之间的讨论/合作

　　— 学生使用作业本记录的帮助理解的视觉表征

　　在本章中，我们探讨了在已被确定为重要的挑战背景下的数据收集过程。

　　数据收集需要仔细设计，并且必须补充现有的数据，如第三章所述。本章包含完成人工智能就绪流程第 4 步所需的信息。在第五章中，我们将解释如何使用机器学习人工智能工具和技术，对你按照第三章和第四章所述为所选挑战收集的所有数据进行准备和处理，以揭示有用的信息。

■■■■■ 参考资源

— Institute for Education Sciences: What Works Clearinghouse　64
（https://ies.ed.gov/ncee/wwc）；VIDEO TOUR（https://ies.ed.gov/ncee/wwc/multimedia/27）

— Johns Hopkins University-Best Evidence Encyclopaedia（http://www.bestevidence.org）

— Education Endowment Foundation（https://educationendowmentfoundation. org. uk/evidence-summaries/teaching-learning-toolkit)

- EDUCAUSE-Higher Education (https://www. educause. edu/ecar/research-publications)

- Google Scholar https://scholar. google. co. uk/

- IRIS Connect: Developing classroom dialogue and feedback through collective video reflection: https://educationendowmentfoundation. org. uk/projects-and-evaluation/projects/iris-connect

- Investing in Video Professional Learning | A Guide | IRIS Connect

- Visible Learning for Teachers: Maximizing Impact on Learning John Hattie: https://www. routledge. com/Visible-Learning-for-Teachers-Maximizing-Impact-on-Learning/Hattie/p/book/9780415690157

- FFT Aspire: https://fftaspire. org. The leading reporting and data tool for schools, local authorities, and academy chains

- Nesta: Making the most of data. https://media. nesta. org. uk/documents/Making _ the _ most _ of _ data _ in _ schools _ 2017, 7th ed London: Routledge

- *Research methods in education*, 7th edition-Academia. edu. https://www. academia. edu› Research _ Methods _ in _ Edu ...

- Zina O'Leary. (2021). The Essential Guide to Doing Your Research Project-4th ed. SAGE Publications.

- M. Denscombe. (2017). *The good research guide: For small-scale socialresearch projects*. (UK Higher Education, OUP Humanities and Social Science Studies) 6th ed. McGraw-Hill Education.

■ ■ ■ ■ ■ **注释**

1. 不要忘记，这不仅仅是你自己或组织中其他人可能收集的数据，
   还有可能是与你相关的公开数据源，这些数据源可以促进你对特
   定挑战的理解。例如，请参见 https://openknowledgemaps.org/ 和
   http://researchmap.digitalpromise.org/。

2. "通过向一系列个体提出相同的问题来收集与他们的特征、属性、
   生活方式或观点相关的信息。"引用来源。

3. Iris technology Iris Connect（课堂视频技术），https://www.iriscon-
   nect.com/uk/products-and-services/video-technology-for-teachers。

AI for School Teachers

本章主要讨论如何将人工智能技术应用于数据，即在第三章和第四章中讨论的数据类型。这些数据涉及你所在学校或学院面临的一些挑战，以及你希望人工智能能够帮助你解决的挑战。

到目前为止，我们已经尝试激发你对人工智能的兴趣，以便你能让你的同事和同伴也感受到人工智能是有益处的。我们介绍了基于规则的老式人工智能（GOFAI）。这种人工智能无法学习和改进，但是它仍然能实现一些非常复杂且非常有用的功能。我们还讨论了现代人工智能（Modern AI），主要是机器学习（Machine Learning），也就是能够自己学习的人工智能。

例如，一位老师正在使用人工智能平台与一个班的学生一起进行教学活动，这个平台利用机器学习根据每个学生的需求调整它提供的指导与教学内容。学生在这个平台上的互动越多，它的适应能力就越强，因为它会更多地了解学生，从而更好地适应每个特定学生的需求。或者，有的讲师会使用一些应用机器学习的人工智能软件来查找抄袭的案例。同样，这个软件处理的抄袭案例越多，它识别抄袭的能力就越强。

人工智能使用多种不同的技术，包括多种不同类型的机器学习。在本章中，我们将讨论一种叫做无监督机器学习（Unsupervised

67

68

Machine Learning）的经典机器学习（Classical Machine Learning），以及如何将其应用于教育数据，以帮助我们理解这些数据。

机器学习类型

机器学习可以大致分为无监督机器学习和监督机器学习（Supervised Machine Learning）。在这些不同的机器学习类别中，还有更多不同类型和不同种类的技术。越来越多的人成为特定技术或特定技术类别的专家，当然，你并不需要了解所有的技术。

本书的目的是帮助你理解人工智能可以做哪些事情。本章通过讨论一种类型的机器学习的应用，来帮助你通过隐喻的方式深入到算法内部，从而理解人工智能在做什么（如图 5.1 所示）。

图 5.1　打开机器学习的"黑匣子"

我们的目标是解析人工智能如何处理你可能感兴趣的数据类型。

希望这种方法能够帮助你了解人工智能技术如何帮助你更好地理解你的数据并解决遇到的挑战。有了这种进一步的了解，你可以更好地选择要使用的人工智能类型，以解决你面临的一个或多个挑战。图 5.2 列出了一些不同类型的人工智能。

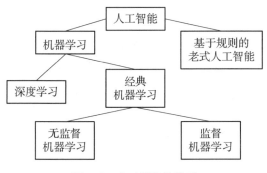

图 5.2 人工智能的类型

■ ■ ■ ■ ■ 无监督机器学习

到目前为止，我们关于机器学习人工智能的讨论实际上描述的是监督机器学习。这是一种机器学习类型，主要用于训练机器学习以便能够在处理数据时找到特定的东西：如交通信号灯、楼梯、孩子的脸、特定水平的试卷等。但是，我们并不会一直确切地知道我们希望机器学习在数据中找到什么，所以我们需要另一种类型的机器学习，它可以通过我们提供给它进行处理的数据找到相应的模式。

在我们不知道要在数据中寻找什么，从而无法使机器学习算法学习我们想要找到的目标数据是什么样子的情况下，可以使用无监督机器学习作为工具，以便它可以在我们提供给机器学习算法处理的数据集中找到更多这种目标数据的示例。相反，无监督机器学习算法会探索数据以寻找模式。它搜索数据中的相似性，这些相似性可能会告诉我们一些我们尚不知道的事情。

■ ■ ■ ■ 无监督机器学习：应用案例

在前面的章节中，我们举例说明了教育工作者面临的挑战，这些挑战可以概括为一个问题：

> 在从面对面教学转向以在线教学为主的过程中，我们如何知道教学和学习质量得到了保持？

我们将在本章中继续使用这个示例，完成将人工智能应用于我们已经获取和整理（如第三章中所述）以及收集（如第四章中所述）的数据所涉及的步骤。使用这样的例子需要进行大量的简化。我们大脑的活动就是一个很好的类比。在神经元层面上，一个明确的"是"或"否"决定可能包含很多因素。也许这个决定是一个非常基本的潜意识决定，即走路时将一只脚放在另一只脚的前面。我们会处理大量的背景信息，例如地面的倾斜度、天气状况、路面的平坦程度等。但最终，所有这些因素都被简化为"是"或"否"的决定——采取或不采取措施。同样，当我们讨论教学实例时，我们也会去掉很多复杂的因素，以便简化它并让你能够更清楚地看到事物。

与往常一样，当我们研究这个例子时，重要的是要记住人工智能擅长的活动类型在很多方面都比我们更好。不过，有些事情我们人类可以比人工智能做得更好。在我们阅读本书并加深我们对人工智能的理解的过程中，我要确保将人工智能应用于人工智能最擅长完成的任务。而对于那些我们仍然比任何形式的人工智能做得更好的任务，我们则要坚持使用我们的人类智能。

回到这个问题：

> 在从面对面教学转向以在线教学为主的过程中，我们如何知道教学和学习质量得到了保持？

例如，我们可能已经获得的数据包括：

– 学生在线学习时的互动数据：记录与技术互动的数据，包括鼠标的点击和移动。

– 学生之间的对话：也许是在线平台的分组讨论室中进行的对话，也许是面对面的对话，因为有些学生正在学校里接受一些面对面的教学。

– 来自测试、考试和其他评估的表现性数据。

– 一些采访录音，可能是关于要求学生解决某个问题的。要求学生就他们在解决问题的活动中取得的进展进行互相采访。

– 我们还可能有学生和员工在加入组织时接受采访的录音。

– 我们还可以从学生在线学习时捕获的视频数据中获取一些眼动

追踪数据，或通过使用课堂视频平台来获取那些在课堂上学习的学生的眼动追踪数据。这些数据可以告诉我们，学生是正在看镜头、看作业，还是看其他东西或其他人。

－ 为了补充现有数据，我们还决定开展一项调查，以了解人们对自己所从事的教学工作的感受（教师调查），以及对自己所参与的学习活动（学生调查）的感受。我们还将询问每个人过去使用技术的经验、对有效使用在线技术的信心等。

可供使用的数据类型多种多样，而且具有不同的特征。例如，有些数据可能是过去几周获取的，有些数据可能是历史性数据。有些数据可能不完整。有些数据可能是定量的，有些数据可能是定性的。因此，我们需要准备好数据，以便将人工智能技术应用到数据当中，进一步理解我们所面临的挑战。

■■■■■ 机器学习就像烹饪

我发现将这种情况想象成有点像烹饪是有帮助的。烹饪有很多种。我们可以烘焙、煎、炙烤、煮、红烧，也可以烧烤、水煮、烟熏、煎炸或真空低温烹调。想象一下，你正在参加电视节目，在节目中，你会看到一组食材，它们放在桌子上，并藏在一块布下面。你拉开布，就会看到这些食材，你必须用它们做出美味佳肴。说明书上写着你要制作一道甜点，而且必须使用所有的食材来制作。把食材想象成我们要应用人工智能的数据。回到餐桌上。在我们假想的烹饪节目中，你刚刚掀开了盖在食材上的布。你有鸡蛋、覆盆子，还有奶油和糖。

哪种烹饪方法最适合这些食材？煎是不可行的，因为我们虽然可以煎鸡蛋，但我们必须使用所有食材，而不仅仅是鸡蛋。烧烤似乎也不太合适。同样，炙烤或煮也不太合适，但烘焙或许可以解决这个问题。

在将人工智能应用于我们的数据"原料"时，也存在着同样的情况。我们需要决定什么样的人工智能可以并且应该被应用。这个决定很大程度上取决于现有的原料和我们需要应对的挑战，就像烹饪一样。对于同一组原料，我们可能有多种选择。由于我们有丰富的经验，所以会知道首先尝试哪种方案。幸运的是，与食物不同，数据可以通过多种适合数据类型和所面对挑战的人工智能技术进行处理。

回到烹饪原料。我们知道我们需要解决的难题是利用现有食材制作一道甜点。我们知道，烘焙可能是最适合的烹饪方法。可供选择的方案受到了这些食材的限制，但仍然有多种方案。我们应该做覆盆子蛋白酥（Raspberry Pavlova）还是覆盆子舒芙蕾（Raspberry Soufflé）？哪种方案最符合烹饪节目的要求和挑战？我们决定做覆盆子舒芙蕾，因为我们有更多制作覆盆子舒芙蕾的经验，因此相信比起制作覆盆子蛋白酥，制作覆盆子舒芙蕾更有可能取得好的结果。既然已经作出了选择，我们就知道了完成挑战所需的方法：利用我们现有的食材制作甜点。

数据和人工智能应用的情况与此相比并没有太大的不同。我们研究了我们的数据（食材）和挑战（探索将某些教学内容转移到网上时的教学质量）。我们决定，最适合应用于这些食材和挑战的人工智能类型（参见烹饪类型）是机器学习（参见烘焙）。最后，我们选择想要的方案类型：在数据中找到在线和面对面教学互动的模式（参见蛋白酥

73

或舒芙蕾）。因此，我们现在还可以选择要应用的机器学习方法；我们选择无监督机器学习。

暂时回到覆盆子舒芙蕾的情况。我们现在需要进行一系列准备工作，才能将烘焙过程应用到配料中，并制作出舒芙蕾。首先，我们必须清洗覆盆子。然后我们必须打碎鸡蛋并搅拌均匀。再然后在打散的鸡蛋中加入糖。我们还需要打发奶油并将其加入到打好的鸡蛋和糖中。最后加入清洗干净的覆盆子。然后我们将它们放入碗中混合。现在我们有了舒芙蕾混合物，只需将其放入一个盘子或一组分开的小盘子中，就可以对准备好的食材进行烘焙了。如你所见，这是需要很多准备工作的。事实上，做这些准备工作可能比烘烤舒芙蕾需要更长的时间，而舒芙蕾的烘烤速度非常快。

对于我们的教育数据和教育中存在的挑战而言，我们希望探索随着网络的发展，我们在多大程度上保持了教学质量。值得注意的是，我们可以通过多种方式分析数据，其中许多方式与人工智能无关，但这里的重点是要了解人工智能技术能为普通的教育数据分析带来哪些额外的见解和理解。在我们的这个例子中，我们还想了解更多关于人工智能的信息。

准备数据（要素）

回到我们的数据，我们需要准备和处理的要素。我们有以下数据：
- 录音：来自学生之间的对话。这些对话可能是在在线平台的分组讨论室中进行的，也可能是学生在学校的教学活动中进行的面对面对话。

— 量化数据：来自各种类型和数量的评估——来自测试、考试和其他评估。

— 视频数据：要求学生互相采访，了解他们在解决问题的活动中取得的进展。还有一些学生和工作人员加入某些组织时的采访录音。

— 学生在线学习时的互动数据，包括鼠标点击和移动。

75

— 学生在线学习时的眼动追踪数据，或者通过课堂视频平台获取的学生在课堂上的眼动追踪数据，这些数据可以显示学生是否在看摄像头、看作业或者看某些东西或其他人。

— 调查回复数据：关于大家对自己所从事的教学工作（教师调查）以及对自己所参与的学习活动（学生调查）的感受。我们还掌握了每个人过去使用技术的经验以及他们对有效使用在线技术能力的信心（如图5.3所示）。你准备的所有数据可能不会全部用于机器学习分析；有些数据源可能会使用不同的方法进行分析。正如我们将在第六章中看到的那样，当我们将机器学习分析的结果与调查结果进行比较时，这可能是有用的，这些调查结果没有使用机器学习进行分析，但与不涉及人工智能的更传统的分析方

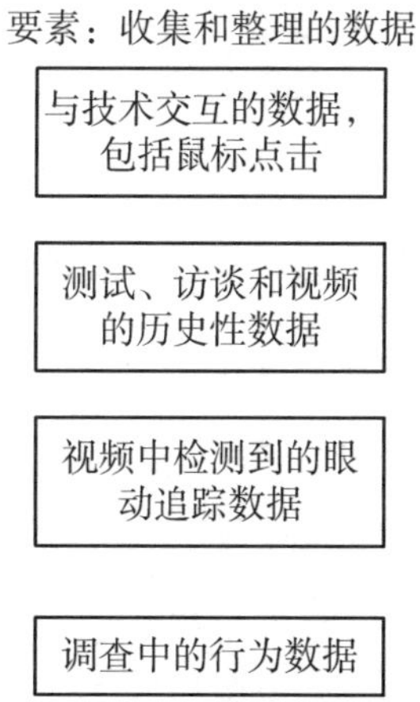

要素：收集和整理的数据

与技术交互的数据，包括鼠标点击

测试、访谈和视频的历史性数据

视频中检测到的眼动追踪数据

调查中的行为数据

图5.3 用于分析的
数据"要素"

法进行了比较。

我们现在需要考虑如何准备这些数据"要素"、如何清洗它们，以及如何将它们组合在一起以进行分析。在这种情况下，我们要做的不是覆盆子舒芙蕾，而进一步了解我们选择的挑战，了解什么是人工智能以及它是如何工作的。

当我们最开始处理数据的时候，我们要做的事情与清洗覆盆子、搅拌鸡蛋、打发奶油和混合食材的过程是类似的。让我们从工作流程的角度来思考这个问题。我们有六种不同类型的数据，我们需要准备它们。我们现在需要清洗它们，组织它们，并且要将它们转换为一致的数据集。

清洗数据

别担心，我们不会像用水清洗那样去清洗数据，但我们会尽量让数据统一，努力让数据看起来整洁、漂亮并且易于操作。那么我们为什么要这样做呢？因为我们需要非常高质量的数据，这些数据要准确、尽可能完整、一致且统一。重要的是，并没有所谓的原始数据。原始数据并不存在，因为所有数据的收集都是有原因的。某人在某个地方决定收集这些数据，或者在其他活动进行的同时收集这些数据。这些数据是有附加信息的，当提取这些附加信息时，数据的背景可能会消失，由于这些背景信息通常包含非常重要的信息，所以我们要设法以某种方式来捕获这些背景信息。

在清洗和准备数据的过程中，我们需要删除错误并查找不可能出现的值，因为这些值是不正确的。数据总是有错误的，所以我们必须仔细检查数据，确保错误数据是否均已被删除。我们还需要查找重复条目和不相关的数据，并决定如何处理数据中的异常值（Outliers）。

异常值是与数据集中的大多数值相差很大的值。我们需要仔细考虑我们所做的事情，通常我们会删除异常值。但是，我们需要尽量避免删除过多的异常值并避免将所有值降低到平均值。一旦对异常值作出决定，我们必须确保对所有部分都一致地应用该决定。

组织和整合数据

不同的数据集往往有不同的标记方法。例如，在一个数据集中，学生性别被描述为女性或男性，而在另一个数据集中将其描述为女孩或男孩。我们必须确保所有标签都使用相同的规定，这样算法才能识别出它们相同的数据类型，例如，算法不会知道标签"女性（Female）"与标签"女孩（Girl）"的含义相同。

为了建立数据集的可信度，我们需要对数据采取精确的操作，始终以质量为目标，并在操作过程中做好记录，以便他人了解我们所采用的方法。这一点非常重要；例如，如果我们使用人工智能的处理方式与我们的预期不符，我们需要回过头来查看文档，看看我们在准备数据时使用的方法是否有任何可以做得更好的地方。

我们准备数据的方式取决于数据的类型。就像用吸尘器清洁地毯与清洗窗户是不一样的，在我们的烘焙类比中，我们清洗的是覆盆子，而不是鸡蛋。我们打碎鸡蛋而不是奶油。这个清洁和准备过程非常重要并且需要做大量工作。在对数据应用人工智能的过程中，这一阶段可能要花费 80％的时间（如图 5.4 所示）。

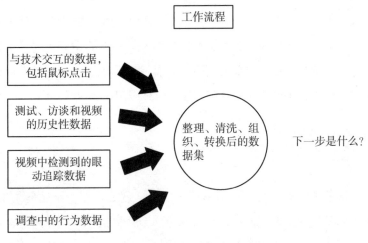

图 5.4　清洗和准备工作流程

特征工程

一旦我们完成了数据的所有整理、清洗、准备和整合工作，工作流程的下一步就是思考人工智能将在数据中识别的模式以及这些模式所基于的特征。例如，对技术缺乏信心这一特征可能会与评估表现不佳的特征以及学生活动少的特征（如交互日志中所体现的）分在一组。特征工程是我们现在使用数据的过程。这个过程是人工智能和人类智能协同工作的一个很好的例子。

应用人工智能可以识别数据中的数百个特征，但这些特征不能提供有用的信息。因此，人类的专业知识可以通过提出可能相关的特征来提供帮助。例如，活跃对学生来说很重要，因此你想要在数据中探索的一个重要特征是每个学生完成的操作数量。这可以说是一个简单的特征。此外，作为教育专家，你和你的同事可能还会认为，每位教师在其工作日的前五个小时内所教授的课程节数占比越大则往往教学效果越好，因此这是一个特征：教育工作者 N 在每天工作的前五个小时内所教授的课程节数占比可能是合适且有用的。这种特征比前面的简单示例更复杂，被称为工程特征或衍生特征。

尽管我们花了很多时间来识别对于解释人工智能识别的数据模式可能很重要的特征，但我们仍然有太多的特征。我们需要减少特征的数量，或者是通常所说的维度的数量，并确定一小部分维度来解释数据中不同类型的教学互动之间的大部分差异（如图 5.5 所示）。

79

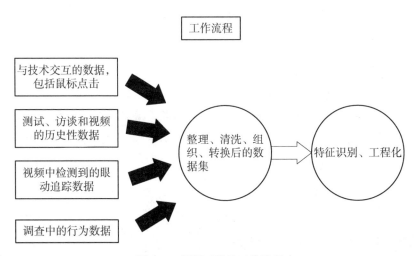

图 5.5　特征工程的工作流程

主成分分析

在无监督机器学习过程中，有一种技术可以帮助我们完成这项任务。该技术称为主成分分析（Principal Component Analysis，PCA）。顾名思义，该技术旨在识别数据模式之间差异的主要成分或主成分。

在我们的示例中，数据中的模式代表了不同风格的教学和学习环节。这些教学和学习环境描述了机器学习正在处理的数据。如果我们能够识别出少量特征来解释这些教学环节风格之间大部分差异的特征，那么我们就可以开始更多地了解教学环节的类型。这是帮助我们确定教学质量是否得到维持的第一步。

主成分分析的过程旨在识别主要成分，并产生一组成分（特征），它们可以解释数据中模式之间一定比例的变化。

例如，在我们关于教学质量和标准的数据集中，有 85 种不同的特征。我们希望找出一组能解释大部分变化的 4—5 个特征；但是我们永远不会找出一组能解释 100％ 的变化的特征，因为总是会存在异常。我们需要尽可能高的百分比。

因此，我们进行了机器学习主成分分析，确定了五个维度，这五个维度在我们所拥有数据的教学和学习环节类型之间的差异中占很大比例。这五个维度是：

1. 学生日志数据中显示的平均活动量

2. 学生的地理位置——在家还是在学校

3. 互动方式——全班或小组协作

4. 技术的使用——仅在线平台，或在线平台和其他一些附加技术

5. 教育者的平均年龄

作为教育专家，我们在研究这组特征或维度时，可能会认为教育者的平均年龄不太相关。因此，我们对第五维度提出了质疑，并在总体准确度几乎没有受到影响的情况下将其删除。在剔除教育者的平均年龄这一维度后，仅凭剩下的四个维度，就能解释82％的变异，而使用五个维度时，这一比例为85％。

81

我们现在已经确定了四个维度，我们可以用不同的方式来探索这四个维度。因为这四个维度占了教学和学习时发生的不同类型互动之间差异的很大比例。

聚类分析

现在我们如何利用这一发现：识别出四个维度（特征），这些维度解释了数据集中82％的变异？

我们应用人工智能工具包中的另一种无监督机器学习技术：

聚类分析。此时，我们利用机器学习在数据中找到与我们通过主成分分析确定的四个维度相关的聚类或模式。通过聚类分析识别基于这四个维度的模式。这是一种无监督的机器学习，我们希望在数据中识别出自然的分组或模式。

图5.6展示了图5.2中所示的人工智能类型，并增加了特征工程和主成分分析（如图5.7所示）。

在我们关于教学质量的示例中，自然分组可能表明存在四个不同

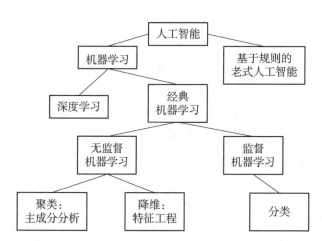

图 5.6 人工智能类型第二版（增加了降维和聚类）

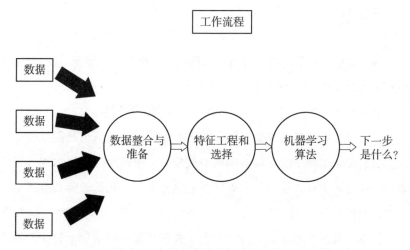

图 5.7 完成主成分分析后的工作流程

的聚类或类型。图 5.8 展示了这些类型。

83

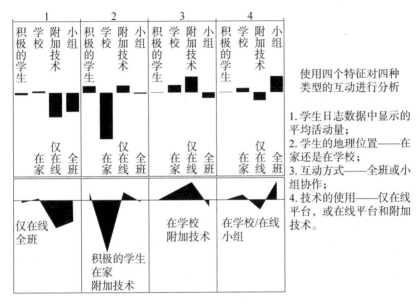

使用四个特征对四种
类型的互动进行分析

1.学生日志数据中显示的
平均活动量;
2.学生的地理位置——在
家还是在学校;
3.互动方式——全班或小
组协作;
4.技术的使用——仅在线
平台,或在线平台和附加
技术。

图 5.8 使用主成分分析可以提取的类型图

在类型 1 中,形成类型(模式)的值是:

1. 学生的平均行动次数

2. 在学校上课的次数略高于平均水平

3. 上课更有可能只是在线进行

4. 上课更倾向于全班参与,而不是小组参与

类型 2 则完全不同。该类型的值是:

1. 适合在家学习

2. 学生活动次数略高于平均水平

3. 更多地使用附加技术以及在线技术

类型 3 具有以下显著特征：

1. 使用附加技术的比例较高

2. 学习地点在学校的数值高于平均水平

3. 全班上课的次数略多于小组上课的次数

最后，类型 4：

1. 小组上课的次数高于平均水平

2. 更有可能涉及使用一些附加技术以及在线平台

能够从相关教学数据中识别出不同互动方式是很有意思的。然而，这仅仅是开始，因为我们还可以发现更多内容，第六章中将会介绍。

本章涉及的内容很多，希望你可以理解、感兴趣且有所收获。我们使用了一个挑战示例向你介绍在教育数据中应用无监督机器学习以帮助我们理解数据的过程：

> 在从面对面教学转向以在线教学为主的过程中，我们如何知道教学和学习质量得到了保持？

我们已经讨论过这样一个事实：在运用机器学习算法处理我们的数据之前，必须对数据进行清洗和准备。我们使用烹饪的比喻来解释不同的步骤。我们还介绍了将特征工程和主成分分析作为机器学习工具，用于探索复杂数据。这些工具使我们能够通过识别关键特征或维度找到降低数据复杂性的方法，从而将数据归纳为几组简单的特征或类型（Profile）。

　　我们建议对数据应用无监督机器学习工具进行分析，以探索面对面教学转为在线教学时的教学质量，这些结果并不是基于我们实际处理时所确定的数据源。不过，这些结果都是基于真实的数据，我们使用在本章介绍的人工智能工具进行了分析。这些真实数据包含与本章描述的数据类型大致相同的数据。这是一个非常实际的例子，但它不是一个案例研究。

　　非常好！你现在已经掌握了人工智能就绪流程的第 5 步。在下一章中，我们将讨论我们可以从将无监督机器学习应用于数据集的结果中学到什么。这将涉及一些有监督机器学习的使用并且重新审视老式人工智能。

AI
for
School
Teachers

本章的内容是关于我们可以从分析使用人工智能工具和技术收集
的数据中学到什么。这是整个过程中令人兴奋的阶段，也是了解更多
人工智能的绝佳方式。

正如我们在第五章中讨论的，人工智能有许多不同的类型或方法。
与烹饪一样，方法的选择受到我们希望处理的数据类型和我们希望实
现的结果类型的影响。因此，就像我们烹饪时使用的食材种类和我们
希望制作的菜肴种类会影响我们选择的烹饪方法一样，数据源和应用
人工智能的目的也会影响人工智能的选择。

应用人工智能可以说是人工智能发展的必然。我们不仅需要选择
人工智能方法，还需要对我们整理与收集的数据进行大量清洗和准备，
以便由我们选择的人工智能方法进行处理。这个清洗和准备阶段虽然
耗时但很重要。

本书的目的不是教你如何选择最合适的人工智能方法或向你展示
如何清洗和准备数据。介绍和讨论这些问题——人工智能方法的选择
以及数据的清洗和准备——的目的是让你意识到，在人工智能可以应
用于任何数据之前，需要完成这些选择和活动。

我们将回到前面章节中讨论过的挑战示例：

在从面对面教学转向以在线教学为主的过程中，我们如何知道教学和学习质量得到了保持？

■■■■ 简要回顾

在第五章中，我们确定了一些数据源，在清洗和准备之后，我们使用将无监督机器学习应用于数据的示例来向你展示数据可以告诉我们有关我们面临的挑战的信息。不仅如此，我们还想向你展示将无监督机器学习应用于数据时会发生什么，以帮助你更多地了解机器学习人工智能及其潜力。还要记住，应用无监督机器学习的目的是在我们准备的数据中找到模式。然后，我们经历了特征识别（Feature Identification）和特征降维（Feature Reduction）的过程，以确定一小部分特征，这些特征可以解释数据中的大部分变异，即我们所拥有的教学和学习活动数据之间的变异。在我们的示例中，我们确定了数据中的四个特征，它们占数据变异的 82%。请参阅图 6.1 了解我们在第五章中讨论的工作流程。

一旦我们确定了这四个特征，我们就能够使用聚类技术来识别四种不同的教学和学习活动种类/类别或类型（Profile）。

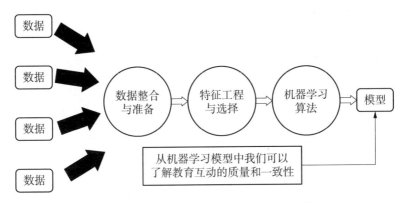

图 6.1　能够帮助我们探索教学课程类型的工作流程

■■■■ 我们可以从不同数据源的关系中学到什么？

我们现在可以针对我们的数据提出一个有用的问题：产生四个集群或类型的数据中的模式是否与其他数据相关，这是否可以告诉我们更多有关面对面教学和在线教学质量的信息？例如，这些资料是否与我们在学生和教职员工中进行的有关自信水平的调查数据相关联？不同类型中的学生信心水平是否存在差异？如果存在差异，那么这对于特定类型学生是否适合这种互动意味着什么？

我们知道调查数据和类型之间并不是因果关系。不是信心水平导致了特定的类型，而是学生的信心水平与他们所属类型的性质之间存

87

在某种关联，这可以为我们提供进一步的见解。

想象一下这种情况：学生的信心水平与他们所经历的教学方式的类型相关或存在关联。你会记得，四个类型中的每一个都代表着一种不同的教学方式。会不会是那些报告信心水平较低的学生更有可能参加类型1的教学方式，这种教学方式主要是在线学习，并且主要以全班授课的形式进行？这些特征中的任何一个可能会影响学生的信心吗？我们不知道，但在确定了这种关系之后，如果我们愿意的话，我们可以专门探讨这个问题。

88　　　　也许处理后的数据还表明，那些不仅使用技术进行在线学习，而且还在教学过程中使用一些附加技术的学生的信心水平要高得多。这将引导我们更多地探索附加技术是什么以及它如何在教学中使用（如图 6.2 所示）。

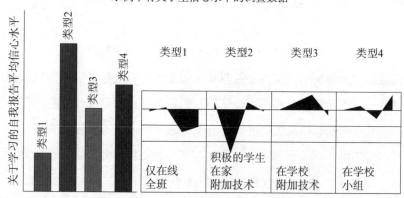

图 6.2　类型与有关信心水平的数据之间的关系

通过探索应用无监督机器学习算法得到的类型与其他我们拥有的一些数据之间的不同关系，可以学到很多东西。想象一下这些例子以及其他类似的例子，将如何指示我们如何开始解决：

在从面对面教学转向以在线教学为主的过程中，我们如何知道教学和学习的质量得到了保持？

我们不仅可以寻找调查数据和教学课程类型之间的关系，还可以寻找其他数据源和课程类型之间的关系。例如，眼动追踪数据。你可能还记得，眼动追踪数据是我们在第三章中讨论的有价值的多模态数据类型（如图 6.3 所示）。

89

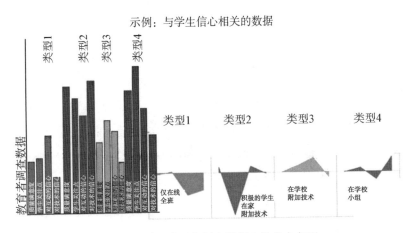

图 6.3　对比类型与调查数据中的几个方面

你可能还记得，在第三章中，我们讨论了现有研究如何帮助我们了解哪些类型的数据可能有用。具体来说，我们使用了心理学的研究结果，发现了学生一起学习时目光的同步性与他们协作问题解决的熟练程度之间的相关性。换句话说，研究人员发现有效的协作问题解决与学生的眼睛注视同步性之间的关联。

我们将使用一个案例研究作为示例，该示例基于几年前与同事一起完成的研究。如果你想了解更多信息，本章末尾有一个链接，你可以通过该链接获得有关这项研究的更多信息。当你阅读这个案例研究时，请尝试记住我们一直关注的示例挑战，并思考使用类似我们描述的方式来帮助我们探索教学和学习课程的质量。

在我们的研究中，小组的三名成员共同完成开发互动玩具的任务。当努力完成这项任务时，他们需要解决一系列问题。在他们的工作中，我们收集了一系列不同来源的数据，包括他们面部的视频片段。通过该视频，我们能够检测到学生在协作问题解决活动中的任何时刻都在看什么。眼动追踪技术本可以达到相同的结果，但并不总是可行。此外，在我们关于人工智能就绪情况的一些演讲中，老师们提出的一个问题是：

视频类型的数据如何成为机器学习算法可以使用的数据来源？

因此，我们认为解释这个过程很有用。一种将视频数据从一系列图像和声音流转换为数字的方式是通过"手动编码"。此过程涉及研究人员观看叠加了眼动追踪数据的视频流（请参阅图 6．1 以了解这种情况）。每位同学都分配一个标识符：学生 A、学生 B、学生 C。研究人员观看视频，然后将每个学生在固定时间间隔所做的事情赋值输入到电子表格中：当三个学生中的任何一个学生正在看着屏幕，屏幕上显示着学生正在尝试解决的问题时，赋值 X；当学生 A 看着学生 B 时，赋值 AB；当学生 A 看着学生 C 时，赋值 AC；当学生 B 看着学生 A 时，值 BA；当学生 B 看着学生 C 时，赋值 BC；等等。一旦它们被清洗和准备好，电子表格中的这些数字就可以用于进一步处理了。这种手动编码过程非常耗时，如果需要的话可以自动化。然而，它提供了一个有用的示例，说明如何将视频转换为可处理的数据。事实上，我们的确随后应用了机器学习自动分析来自眼动追踪软件的数据。

91

当我们分析了有关学生目光同步的数据，并将这些数据与一个独立专家观看视频资料后得出的发现进行比较时，我们能够识别出每个小组在解决问题方面是否有效协作的关键点。这次比较揭示了目光同步与有效协作问题解决之间的相关性。[1] 例如，在想要探索面对面和在线教学的教学质量时，我们可以考虑使用已有的眼动追踪数据。我们可以研究包含小组作业并拥有眼动追踪数据的教学档案资料，看看学生目光同步与学生信心甚至是教师信心之间是否存在任何关联，或者我们可以探索那些独自学习并不断看着屏幕的学生是否更加活跃或更加自信。

■■■■■ 有监督机器学习

在讨论完无监督学习后，我们将讨论有监督学习，特别是使用它实现分类的过程。分类是一个传统上使用有监督机器学习来解决的问题。请记住，当我们知道我们在寻找什么时，就使用有监督机器学习。我们以前使用无监督学习，是因为我们不知道在寻找什么，并且对数据中存在的模式感兴趣。

我们再作另一个烹饪类比：就像做蛋糕一样，你可以用不同的方式来调配原料。例如，你可以使用"揉入"方法将油脂揉入面粉中，或者使用"融化"方法将油脂与糖一起融化，或者你可以使用"搅打"的方法将油脂与糖一起打至松软。你选择的混合原料的方法将取决于你想做的蛋糕的类型。维多利亚三明治最好用搅打法制作，但姜饼则需要融化法。

分类也是如此；分类过程中使用了不同的方法或算法，算法的选择会对输出产生影响。因此，算法的选择取决于你想要实现的目标以及你正在处理的数据类型。但是，请记住，本书的目的不是教你如何选择最合适的人工智能技术；而是向你介绍基本的原理，并让你了解将人工智能应用于数据处理时需要完成的选择和活动。

考虑一下我们所讨论的示例挑战的数据。在第五章中我们描述了使用无监督机器学习产生的四种课程类型。我们还研究了单个数据集，以探索教学风格与学生信心、教师信心和学生活动水平等因素之间是否存在相关关系。现在，我们可以考虑可用数据的不同方面以及数据

92

元素之间的任何关联，例如学生信心和教学风格。也许我们能够预测，例如，哪些类型的学生最有可能在哪种教学方式中取得成功，或者每位教师可能最喜欢也最擅长的教学风格。

我们可以训练一种有监督机器学习的技术来识别学生的学习类型和他们能够取得成功的课程风格，或者识别哪种教学风格适合不同类型的教师。然后就可以使用有监督机器学习来处理有关学生类型的数据，以预测他们能够取得成功的教学风格。必须指出的是，训练这样的有监督机器学习算法需要很多数据案例来证明学生类型在特定的教学风格中表现良好，而我们可能无法获得足够大的数据样本。然而，我们希望这个例子能够说明监督机器学习的应用方式。

我们还希望你开始了解人工智能方法（例如机器学习）通过处理教育数据集能够产生的有用信息的类型。到目前为止，我们一直讨论的是人工智能工具的机器学习，但同样重要的是考虑那些优秀的老式人工智能（GOFAI）方法能够如何帮助我们更好地理解我们所面临的挑战。

我们已经讨论了有监督机器学习可用于进行预测的方式。在我们的挑战示例中，我们建议可以使用这种人工智能工具来预测在特定风格的教学课程中可能表现出色或表现不佳的学生或教师类型，正如我们使用无监督机器学习从数据中提取的类型所指示的那样。请记住，当我们采取下一步时，这里的目的是解释人工智能如何帮助你更好地理解你面临的挑战，并帮助你更好地理解人工智能是什么以及它可以做什么。

本书旨在实现的目标是，一旦你更多地了解人工智能及其带来的挑战，那么你将能够更好地决定如何使用人工智能来应对这些挑战。本书将带你完成人工智能应用的过程，帮助你"深入了解"机器学习算法，并了解你所拥有的数据能带来的力量。

回到以前的老式人工智能（GOFAI，主要基于规则和逻辑），还记得第一章吗？GOFAI 的大部分内容都是基于使用规则作出决策的理念，例如，进行医疗诊断，或者为正在努力解决数学问题的学习者提供何种支持。

支持这些基于规则的人工智能系统的规则采用 IF/THEN 语句的形式。例如：

> IF 学生 N 未能将分数 X 的分子和分母互换，THEN 播放"求倒数"视频，AND 完成求分数 n 的倒数，AND 让学生进入下一个动作，AND 播放"激励视频 n"。

就像我们在第五章中首次将无监督机器学习应用于教育数据时求助于专家来帮助我们识别潜在的兴趣特征一样，GOFAI 示例也需要专家来构建规则。在这两种人工智能方法中，人类参与到不同的方面，尽管在每种人工智能方法下的人工智能和人类智能之间的分工性质不同。但是，人类智能与人工智能总是存在着一定的关系。

让我们回到挑战示例：

> 在从面对面教学转向以在线教学为主的过程中，我们如何知道教学和学习的质量得到了保持？

　　例如，在无监督学习处理数据并且我们确定了一组不同的教学课程风格之后，基于规则的系统可能会很有用。在这一点上，我们可能会担心那些有特殊压力、麻烦或需要解决的问题的学生。例如，这可能是抑郁、焦虑或缺乏自信。

　　我们希望确保我们所关注的学生能够接受更适合他们需求的教学课程。也许小组学习特别适合他们。

　　当我们展望未来以及使用在线和面对面混合教学的方式时，我们可能会认为基于规则的系统在为特定学生群体安排课程时间表时可能会有所帮助。

　　或者，可以设计一个基于规则的系统，以便在学生参与协作问题解决时向教师提供反馈。回想一下，眼动追踪可以用来捕捉学生注视的方向，由此我们可以识别一组学生的注视是否同步。这种同步的方式可以让我们了解这些学生在一起工作的有效性。想象一下，我们从数据分析中得到了另外一些小的线索，那么我们可能创建一个基于规则的系统，使用此信息向教师发送不同类型的反馈，以帮助他们优化为每组学生提供的支持。

95

　　在本章中，我们讨论了如何通过将一系列人工智能技术应用于我们精心准备的教育数据来学习有关应对教育挑战的极其有用的信息。AI 就绪框架的这一部分的目的是帮助你深入了解所面临的挑战，并找到最佳解决方法，其中包括如何利用人工智能工具、产品和服务来应对挑战。

　　我们希望你能够更好地了解人工智能和人类专业知识可以发挥作

用的领域，并能够继续思考它们如何最有效地合作。我们还希望你开始更多地了解人工智能对你个人和同事的潜在价值。

非常棒！你现在已经探索了 AI 就绪计划的第 6 步。第七章将讨论第七步，也是最后一步。

在本书中，我们只能触及人工智能和教育的表面，但如果我们要开发人工智能工具并尽可能最好地匹配教师与学生的需求，我们就必须在此基础上继续深入探究。所以，继续努力吧！

■■■■ 参考资源

– http://www.pelars.eu
– https://www.youtube.com/watch?v=CPqHB_34LRY
– https://www.youtube.com/watch?v=qYfL-eitRNU
– https://www.youtube.com/watch?v=klxxYrnrZyQ

■■■■ 注释

1. Cukurova, M., Luckin, R., & Kent, C. (2020). Impact of an artificial intelligence research frame on the perceived credibility of educational research evidence. *International Journal of Artificial Intelligence in Education, 30*(2), 205 – 235. doi:10.1007/s40593 – 019 – 00188 – w.

Spikol, D., Ruffaldi, E., Dabisias, G., & Cukurova, M. (2018).

Supervised machine learning in multimodal learning analytics for estimating success in project-based learning. *Journal of Computer Assisted Learning, 34*(4),366 - 377. doi:10.1111/jcal.12263.

Cukurova, M., Luckin, R., Millán, E., & Mavrikis, M. (2018). The NISPI framework: Analysing collaborative problem-solving from students' physical interactions. *Computers and Education, 116*, 93 - 109. doi:10.1016/j.compedu.2017.08.007.

AI

for

School

Teachers

本书的每一章都向你展示了人工智能就绪框架中的一个步骤。每　97
一章都会带你迈出一步，为充分利用人工智能做好准备。每个人都可
以为人工智能做好准备，每个人都应该为人工智能做好准备。一旦你
为人工智能做好准备，你就会明白人工智能最适合在哪里应用，以及
为什么它是完成这项工作的合适工具。你还将更多地了解人工智能给
教师、学习者和家长带来的影响。

在最后一章中，我们将解释人工智能就绪框架中的第 7 步的全部
内容，并将探讨人工智能在教育中的使用所产生的一些伦理挑战和问
题。我们还将讨论你下一步可能做的事情以便继续学习人工智能，以
及如何将本书帮助你形成的理解应用到你目前可以使用的一些人工智
能产品和服务当中。

■■■■ 人工智能教与学的伦理

在本书中，我们会不时地在每一章都提醒你注意出现的伦理问题。
在教育方面，人工智能的伦理至关重要；它必须始终成为有关人工智
能及其在教育中的应用的任何开发和决策的中心。支撑本书结构的人　98
工智能就绪框架（我们在引言中描述的）中的七个核心步骤中第一个

英文单词的首字母组合起来就是缩写词 ETHICAL，即"伦理"，这是有意确保伦理始终放在首位。但是，作为一名教师或校长，在购买和应用人工智能时，如何才能在伦理上发挥自己的作用呢？

这个问题是人工智能教育伦理研究所（the Institute of Ethical AI in Education, IEAIED）[1]的关注焦点，该研究所在国际范围内，咨询和整理了多个教育利益相关者的观点，形成了一个专为教育而设计的四页框架[2]。该框架的明确目的是指导那些正在为学校选择和购买或考虑购买人工智能的人，以便他们知道要提出的合适的问题和应该采取的行动。请使用该框架来帮助你作出适合你学校的决定。

作为该框架如何帮助你的示例，以下是 IEAIED 建议你在考虑使用人工智能时采用的九个目标：

1. 实现教育目标。人工智能应该用于实现明确的教育目标，这些目标基于强有力的社会、教育或科学证据，证明对学习者有利。

2. 评估形式。人工智能应该被用来评估和识别更广泛的学习者的才能。

3. 管理和工作量。人工智能应该提高组织的能力，同时尊重人际关系。

4. 平等。人工智能系统的使用方式应促进不同学习者群体之间的公平，而不是歧视任何学习者群体。

5. 自主权。人工智能系统应该用于提高学习者对其学习和发展的控制水平。

6. 隐私。应在隐私和数据的合法使用之间取得平衡，以实现明确且理想的教育目标。

7. 透明度和问责制。人类最终对教育成果负责，因此应该对人工智能系统的运行方式进行适当程度的监督。

8. 知情参与。学习者、教育者和其他相关从业者应该对人工智能及其影响有合理的理解。

9. 伦理设计。人工智能资源应该由了解这些资源将产生的影响的人来设计。

每个目标都有一套标准和一系列相关的问题，用于询问你自己、你的同事以及想要卖人工智能给你的人工智能公司。例如，目标1"实现教育目标"有以下八个相关问题。括号中的文字表示提出该问题的合适时间点：

1. 你是否明确了利用人工智能要实现的教育目标？（采购前）

2. 你能否解释为什么特定的人工智能资源有能力实现上述教育目标？（采购前）

3. 你期望通过人工智能的使用实现什么影响？你将如何衡量和评估这种影响？（采购前）

4. 你从供应商那里收到了哪些信息，你对人工智能资源能够实现你期望的目标和影响是否满意？（采购中）

5. 你从供应商处收到了哪些信息？你是否满意学生表现的衡量标准与公认和接受的测试工具和/或基于社会、教育或科学证据的衡量标准一致？（采购中）

6. 你将如何监控和评估预期影响与目标的实现程度？（监控和评估）

7. 供应商能否确认进行了定期审查，并且这些审查验证了人工智

能资源有效并按预期运行？（监测与评估）

8. 如果人工智能的预期使用效果不理想，为什么会出现这种情况？你将采取哪些措施来改善影响？（监测与评估）

■■■■■ 你准备好了吗？

人工智能就绪计划有七个步骤，本书的每一章都解释了其中一个步骤所涉及的学习。第七步既是结束，也是开始。第七步是：迭代（Iterate）。这意味着什么呢？首先，这意味着我们希望你不断学习。根据需要尽可能多地重复第一到六步，直到你对人工智能就绪情况充满信心。其次，它表明人工智能就绪项目需要持续不断的努力。

通过探索相关数据，以及应用人工智能思维、人工智能工具和技术，我们总是可以更多地了解作为教师所面临的问题和挑战。一旦你以人工智能的思维方式看待所面临的问题和挑战，你将能够就如何解决这些问题和挑战作出更好的决策。你还将了解人工智能在应对这些挑战方面是否可以发挥作用。

当我（本书第一作者罗斯）在大学学习人工智能时，当时它还是一门从根本上讲是关于智能地解决问题的学科。我现在担心，人工智能的这一特殊方面已经被深度学习人工智能[3]（Deep Learning AI）以及它将如何彻底改变一切的炒作掩盖。然而，如何运用人工智能解决问题仍然是最重要的。

例如，你担心你和你的同事正在处理的巨大评分工作量。从表面上看，这看起来像是评分过程的问题，而且很可能就是这样。然而，它也可能是一个完全不同的问题，例如：

- 要求学生完成的活动和评估的类型。他们中是否有很多人做出需要老师评分的作品？其中一些活动是否可以重新设计以允许自我评分或同伴评分？

- 问题是否既在于教师为学生构建适当反馈所需的时间，也在于准确计算学生应得的分数？

- 或者，问题是否在于能够向学生和家长解释、证明并说明为什么您作为教师建议应该落实一套特定的修订学习目标？

这些问题仅仅触及了教师时间挑战的核心问题本质的皮毛。

如果你不花费时间深入调查、反复测试、解构并仔细审视问题，那么你很容易就会被说服，认为一种可以自动为教师批改作业的人工智能产品就是解决之道。人工智能极其准确且快速。它绝对使用最新、最复杂的深度学习人工智能来产生其评分。然而，如果真正的问题是学生需要的反馈质量，那么人工智能评分产品将无济于事。同样，如果真正的问题涉及学生需要完成的活动和评估类型，那么人工智能评分也无法解决你的问题。如果问题的真正原因在于教师需要能够解释和证明自己的决定合理，那么忘记人工智能评分吧，无论它有多快和准确，它都无法在证明和解释你所分配的分数时帮助你，更不用说它为什么支持修改学习目标的决定了。

这里的要点是，你必须检验属于你想要解决的挑战或问题的所有假设。如果你真的要找到解决方案，你必须了解挑战或问题的真正属性。当你逐步解开挑战的各个层面和细微差别时，数据和人工智能就是"你的朋友"。因此，继续使用人工智能就绪七步方法来熟悉你的数

101

据，适应你的假设，并"与人工智能交朋友"。

你将会在未来很长一段时间内从中受益的。

■■■■■ 你的新知识如何帮助你理解已有的教育类人工智能产品？

102

你可能想知道你对人工智能的新理解将如何帮助你更多地了解可用的教育类人工智能产品的种类。因此，我们将审视其中一些产品并解释你对 AI 的准备程度与这些系统使用 AI 的方式之间的联系。

为 K-12 教育设计的人工智能产品和服务的数量正在不断增加，我们不可能解释所有这些产品和服务。但是，我们将介绍以下几类适用于学校的人工智能产品和服务，你可以在本章末尾找到每个类别的示例链接。

人工智能自适应辅导软件（AI Adaptive Tutoring Software）

我们在第一章中讨论了自适应性，这是人工智能的关键特征之一，当时我们向你介绍了从老式人工智能到现代机器学习人工智能的不同类型的人工智能。不足为奇，人工智能可以以自适应性方式处理问题，这一事实在教育中特别有用。人工智能的这种自适应性能力应用于教育的方式之一是创建自适应辅导软件。该人工智能可适应个别学生或被辅导者的需求，提供该学生独有的教学课程。

然而，虽然自适应性是所有人工智能自适应辅导软件的总体目标，但并非所有辅导软件都以相同的方式适应。软件的教学方法可能有所不同。例如，自适应辅导产品可能采用行为主义教学法，并改变要求每个学生完成的内容和活动的复杂性，但不调整主题和活动呈现的顺序。驱动人工智能做出调整活动或内容决策的数据，纯粹是由每个学习者在其完成的活动和评估中的表现驱动的。软件提供的反馈和支持很少，并且不参与软件的决策过程。

或者，人工智能自适应辅导产品的教学法可能更具有建构主义的特性。在这种情况下，适应性的重点可能会放在为每个学生提供最合适的支持上，以帮助他们构建自己的理解。任务的内容或顺序可能几乎没有变化，但活动和评估会有所不同，软件也会为学生提供大量适应性的反馈。每个学习者收到的活动也变得更加简单或更复杂。人工智能做出的关于适应内容和时间的此类决定是基于学生使用软件提供的支持来成功完成活动的方式。这些只是说明人工智能自适应辅导软件如何与众不同的两个例子。

人工智能自适应辅导软件不仅在使用的教学方法上有所不同，但教学方法正是区分两款人工智能自适应辅导软件产品 MATHia[4] 和 Enskills[5] 的关键所在。

MATHia 的核心教学法被称为模型追踪（Model Tracing），它源于约翰·安德森（John Anderson，我们在第一章中提到过他）早期使用产生式规则和 GOFAI 所完成的工作。数学专家会提供解决软件所包含的每个数学问题所需采取的步骤的模型，包括学生可能采取的所有可能的错误步骤。当学生使用该软件时，他们的操作将回溯到专家的模型，以确定辅导软件应该如何推进学生的学习进程。现代的

MATHia 产品已经有所发展，它结合了机器学习和基于规则的人工智能，但模型跟踪的基本原则仍然保持不变。

另一方面，Enskills 是基于其创始人刘易斯·约翰逊（Lewis Johnson）的早期工作，他本人会说多种语言，并认为语言学习必须在文化背景下进行。因此，他的公司 Alelo 开发的系统强调学生在学习语言活动中的文化真实性。Enskills 软件通过网络浏览器运行，每个学生都可以与屏幕上的角色交谈，后者会做出回应。屏幕上的角色给出的反应是根据学生所说的内容、他们的语法和发音的正确程度以及进步的程度进行调整的。

学生完成的所有活动都是在有意义的环境和语言背景下进行适应和调整的。Enskills 使用了自然语言处理、语音识别、解释人工智能以及适应性功能。因此，它是人工智能自适应辅导软件一个很好的例子，该软件将人工智能用于多种不同的目的：适应、解释学生所说的内容以及生成口头回应。如果你知道 Enskills 使用各种机器学习应用程序来实现智能行为，你可能不会感到惊讶。

使用人工智能的自适应平台

除了专注于特定学科领域的自适应辅导软件之外，还有涵盖课程多个领域的人工智能自适应平台，因此可以让教师和学生比较不同学科之间的表现、迷思、行为和需求。CENTURY Tech[6] 就是 AI 自适应平台的一个例子。CENTURY 将人工智能、神经科学和学习科学融入其技术中，试图准确了解每个学习者需要什么，以便更新、发展并填补他们的知识空白。CENTURY 使用间隔学习、交错学习和认知负荷理论，并从神经科学研究中学习，以帮助学生将知识嵌入他们的长期记忆中。

特别有趣的是，CENTURY 是教育领域为数不多的使用深度机器学习（Deep Machine Learning）的人工智能系统之一，它能够不断了解每个学生的学习方式，以便 CENTURY 平台能够适应他们的优势和劣势，为每个学生提供所需的支持或挑战。其创始人普里雅·拉坎尼（Priya Lakhani）是这样向我描述的：

> 这个过程的关键组成部分是神经网络（Neural Network）[7]，它根据学生和问题的组合，预测学生在回答该问题时可能会遇到的预期挑战程度。

105

人工智能推荐系统（AI Recommender System）

有时，人工智能不是直接用于教学或辅导，而是帮助你找到最合适自己的资源来学习新知识，或帮助你找到最适合学生的资源，或向他们推荐学习途径。例如，Adaptemy[8] 是一家帮助学校等组织为其现有内容或学习平台添加适应性的公司。Adaptemy 的"人工智能引擎"根据学生的能力、他们已经学习过的概念、概念在课程地图中的位置以及学生的动机，为每个学生提供下一步应该学习哪个概念的建议。教师还有机会向推荐系统输入信息，甚至如果他们认为这对学生最有用的话，还可以覆盖推荐系统。如果你想了解更多信息，可以在公司网站上找到一些有趣的研究论文。[9]

同样，Area9 Lyceum 为现有资源提供了适应性。它最初是为企业培训市场开发的，现在也提供了 K–12 选项。[10] 此外，Bibblio 虽然不是专为教师设计的工具，但它是一个人工智能驱动的内容推荐系统，可用于教育领域，其网站有关于如何在软件中使用人工智能的很好的解释。[11]

■■■■■ 公司可能避而不谈

通常很难确切地了解一家公司使用哪种人工智能来为其产品提供支持；他们不喜欢泄露秘密给竞争对手。然而，我们认为他们在不泄露人工智能秘密的情况下，其实可以更加透明。他们所描述的人工智能很可能并不包含多少人工智能成分。然而，随着你的新人工智能就绪框架的形成和借助人工智能教育伦理研究所（IEAIED）所提供的问题指南，你就可以满怀信心并详细调查了解想要向你出售产品的公司了。

■■■■■ 写在最后的话

我们在引言中说过，我们希望你了解人工智能如何帮助你，并希望你了解如何与人工智能一起工作，以便人工智能赋能你的教学。我们希望你在购买人工智能产品时充满自信，这样它将对你有用且适合你。但是，请记住，最重要的是，我们希望你认识到自己有多么出色，因为人工智能所扮演的正确角色是让你、你的同事、你的团队和你的学生成为最聪明、最高效的人。

与人工智能成为朋友，一起探索未知的旅程吧！

■■■■■ **参考资源**

— EdSurge (2016). *Decoding adaptive*. London: Pearson. https://www. pearson. com/content/dam/one-dot-com/one-dot-com/uk/documents/ educator/primary/Pearson-Decoding-Adaptive-Report. pdf.

■■■■■ **注释**

1. https://www. buckingham. ac. uk/research-the-institute-for-ethical-ai-in-education/。

2. https://fb77c667c4d6e21c1e06. b-cdn. net/wp-content/uploads/2021/ 03/The-Institute-for-Ethical-AI-in-Education-The-Ethical-Framework-for-AI-in-Education. pdf。

3. https://en. wikipedia. org/wiki/Deep _ learning AND https:// www. deeplearning. ai。

4. https://www. carnegielearning. com/solutions/math/mathia/。（MATHia 是一款适用于 6—12 年级的自适应一对一数学学习平台，它比任何其他数学软件都更复杂、更精确，可以模拟真人助教。其人工智能驱动的个性化和辅导支持确保每个学生都能获得为课程结束的评估做好准备所需的目标路径。来源：https://www.carnegielearning.com/texas-help/article/mathia/。——译者注）

5. https://www.alelo.com/english-language-teaching/。（Enskills 这个基于云的学习平台通过在反映真实场景的沉浸式模拟中与人工智能化身进行练习，帮助人们快速学习新技能。Enskill 由 Alelo 公司开发，采用语音和语言技术，使虚拟人能够对学习者的各种言语做出反应。它提供逼真的练习、即时反馈和个性化学习。学生对化身的具体反应会引导模拟路径，为每个学生和每次练习创造独特的体验。语言学习者使用化身进行异步练习，这个过程既令人愉悦，又能激发学习动机，同时还能提高熟练程度、自信心和流利程度。——译者注）

6. https://www.century.tech。（一个人工智能平台，提供个性化学习，以改善所有人的学习成果，并通过丰富的数据分析为教育工作者提供支持。CENTURY 提供真正的适应性和个性化，以克服传统的一刀切的教育模式，这种模式使许多学生无法参与。当学生在 CENTURY 上学习时，每次的点击、得分、互动都会被记录。这些数据会被输入人工智能算法，用以了解每个学生的学习方式，并为每个学生制订最有效的学习材料路线。——译者注）

7. 神经网络是深度学习系统采用的一种机器学习形式。你可以在这里了解更多关于神经网络的信息：https://towardsdatascience.com/introducing-deep-learning-and-neural-networks-deep-learning-for-rookies-1-bd68f9cf5883 AND https://www.deeplearning.ai。

8. https://www.adaptemy.com/engine/。

9. https://www.adaptemy.com/effective-learning-recommendations-powered-by-ai-engine/。

10. https://area9lyceum.com/k-12-education/。

11. https://www.bibblio.org/tech。